Robert Rauh

Geschichte *kompetent* unterrichten

Wie sich Kompetenzorientierung im Geschichtsunterricht umsetzen lässt

WOCHEN
SCHAU
VERLAG

Bibliografische Information der Deutschen Nationalbibliothek

Die Deutsche Nationalbibliothek verzeichnet diese Publikation in der Deutschen Nationalbibliografie; detaillierte bibliografische Daten sind im Internet unter http://dnb.d-nb.de abrufbar.

www.wochenschau-verlag.de

Titelgestaltung: Ohl Design
Titelbild: Myvisuals, fotolia
Gesamtherstellung: Wochenschau Verlag
Gedruckt auf chlorfrei gebleichtem Papier
ISBN 978-3-7344-0615-7 (Buch)
E-Book ISBN 978-3-7344-0616-4 (PDF)

Inhalt

Vorwort

Noch eine Abhandlung zum kompetenzorientierten Geschichtsunterricht? Ja – und nein! Dieser Leitfaden berücksichtigt durchaus relevante Aspekte der Geschichtsdidaktik, orientiert sich jedoch konsequent an der Unterrichtspraxis. Konkret heißt das: Auf seitenlange Abrisse zu fachdidaktischen Diskussionen einzelner Modelle und Begriffe wird verzichtet. Stattdessen bietet das Buch einen kompakten Überblick mit Anregungen aus der Praxis für die Sekundarstufe I und II. Anhand erprobter Unterrichtsbeispiele und zahlreicher Übersichten wird aufgezeigt, wie Geschichte kompetent vermittelt werden kann. Der Leitfaden ermöglicht sowohl eine geschlossene Lektüre als auch ein gezieltes Nachschlagen bestimmter Themen bzw. Stichworte. Querverweise ermöglichen die Verknüpfung einzelner Aspekte.

- Ausgehend von einem kritischen Blick auf die aktuelle Situation des Faches Geschichte wird im ersten Kapitel thematisiert, was die Einführung der Kompetenzorientierung für den Geschichtsunterricht bedeutet. Vorgestellt werden vier *fachbezogene Kern-Kompetenzen*, die in den Unterrichtsbeispielen anderer Kapitel zur Anwendung kommen.
- In den beiden folgenden Kapiteln werden *historische Untersuchungsverfahren* und *didaktische Prinzipien* mit ihren Vor- und Nachteilen dargestellt. Welche Themen geeignet sind, verdeutlichen Unterrichtsbeispiele.
- Wie Unterricht effektiv und transparent strukturiert werden kann, wird im vierten Kapitel *Unterrichtsplanung* aufgezeigt. Angesichts der Kompetenzorientierung und der veränderten Stunden-Zeiten wird empfohlen, die traditionelle Planung von Einzelstunden zugunsten von Unterrichtssequenzen aufzugeben. Eine Übersicht und Beispiele verdeutlichen den Planungsprozess vom Lehrplan zur Unterrichtssequenz.

- Im fünften und sechsten Kapitel werden relevante *Lehr- und Lernmethoden* vorgestellt, die es dem Lehrenden ermöglichen, den Lernprozess zu organisieren und die Lernenden beim Kompetenzerwerb zu unterstützen.
- Die *Urteilsbildung* steht im Mittelpunkt des siebenten Kapitels. Das präsentierte Modell zeigt den Prozess der Urteilsbildung, ist praxiserprobt und vereint die eingangs umrissenen Kern-Kompetenzen des Geschichtsunterrichts.
- *Binnendifferenzierung* gilt als Zaubermittel für die wachsende Heterogenität im Klassenzimmer. Aber auf keinem Unterrichtsfeld ist der Widerspruch zwischen Anspruch und Praxis größer. Was Binnendifferenzierung im Geschichtsunterricht bedeutet und welche Formen man unterscheidet, wird im achten Kapitel thematisiert.
- Im neunten Kapitel wird der Wandel der *Leistungsbewertung* im Geschichtsunterricht aufgegriffen: Stand früher eher Grundwissen im Mittelpunkt, kommen heute zunehmend komplexere Fragestellungen zum Einsatz. Beispiele von Tests und Klausuren verdeutlichen diesen Wandel.
- Abschließend wird das außerunterrichtliche Lernen thematisiert. Vorgestellt werden *außerschulische Lernorte* wie historische Orte Museen, Archive und Gedenkstätten.

Der Leitfaden richtet sich an Lehramtsstudenten, Referendare, Berufsanfänger, Quereinsteiger, fachfremd Unterrichtende sowie erfahrene Lehrer, die in ihrer Ausbildung noch mit Lernzielen operiert haben.

1. Geschichtsunterricht im Spiegel der Kompetenzorientierung

1.1 Streit um Geschichte

Geschichte geht die Zeit verloren

„Wann wurde denn die Mauer gebaut?", fragt die Museumsführerin und schaut in die ratlosen Gesichter der 10b. Erlöst werden die Schüler von ihrem Geschichtslehrer: „Wir haben gerade erst die beiden deutschen Staaten gegründet. Es ist so viel Unterricht ausgefallen. Und die Exkursion konnte und wollte ich nicht verschieben." Einige Schüler nicken heftig und die Museumsführerin sieht den Lehrer mitleidig an. Der fügt seufzend hinzu: „Wir haben einfach zu wenig Zeit für Geschichte."

Beide Phänomene werden inzwischen von unzähligen Studien belegt: Erstens fehlt Jugendlichen historisches Grundwissen oder sie verwechseln Prozesse und Personen. So habe die Aufklärung im Mittelalter begonnen und Hitler die Mauer gebaut. Und zweitens steht für das Fach Geschichte immer weniger Zeit zur Verfügung. In vielen Bundesländern wurde der Geschichtsunterricht gekürzt oder mit Politik und Geografie zusammengelegt. Denn Geschichte gilt im Gegensatz zu Deutsch, den Fremdsprachen und MINT-Fächern nicht als Hauptfach. Zwangsläufig führt die Kürzung zum Verlust historischer Inhalte und die Zusammenlegung ermöglicht in Zeiten von Lehrermangel auch fachfremdes Unterrichten. Einige warnen vor der Entwertung des Faches, andere sogar vor dem Verschwinden der Geschichte.

Aber die Lage ist nicht hoffnungslos. Sie zwingt uns darüber nachzudenken, wie moderner Geschichtsunterricht angesichts dieser Entwicklung organisiert werden kann. Und es stellt sich die Gretchenfrage: Was müssen wir heute aus der Geschichte (noch) vermitteln?

Chronologie versus Längsschnitte

Heftig wird darüber gestritten, welche historischen Inhalte überhaupt noch unterrichtet und vor allem wie sie vermittelt werden sollen. Ausgelöst wurden diese Kontroversen in den letzten Jahren durch die Verabschiedung neuer Lehrpläne. So hat man sich beispielsweise in einigen Bundesländern von der *Chronologie* als vorherrschendem Zugang verabschiedet und den Geschichtsunterricht durch andere historische Untersuchungsverfahren, wie *Längsschnitt*, *Vergleich* oder *Fallanalyse*, angereichert.

Der bundesweit einmalige Versuch, bei der Lehrplanreform in Berlin und Brandenburg 2014/15 Längsschnitte als ausschließliche Untersuchungsverfahren in der Jahrgangsstufe 7 und 8 einzuführen, scheiterte jedoch am heftigen Widerstand der Lehrer und Eltern. Sie vertreten die Auffassung, das chronologisch-genetische Verfahren helfe den Schülern bei der Orientierung in der Geschichte – und habe sich schließlich bewährt. Dagegen bemängeln Kritiker, die Chronologie reduziere Geschichte zur „Einbahnstraße", auf der die Themen vereinfacht und kleinschrittig abgearbeitet werden. Zudem erscheint die Geschichte als zwangsläufiger Prozess, der alternativlos auf die Gegenwart zuläuft.

Dagegen sei der Längsschnitt ein Verfahren, das historische Gegenstände epochenübergreifend untersucht – im Idealfall ausgehend von einem gegenwärtigen Phänomen. Man wolle weg vom Korsett der chronologischen Nacherzählung mit Abfrage von Daten und Fakten und hin zu einer Verknüpfung der historischen Ereignisse und Prozesse mit der Lebenswelt der Schüler und den Herausforderungen der Gegenwart. Allerdings führe die Konzentration auf einzelne Aspekte zwangsläufig zur Isolierung, da der Längsschnitt nicht den gesamtgeschichtlichen Zusammenhang des ausgewählten Gegenstandes in den einzelnen Epochen aufzeigen könne, argumentieren die Kritiker. Wie soll im Längsschnitt „Friedenschlüsse in der Geschichte" der Wiener Kongress von 1815 angemessen beurteilt werden, wenn zuvor nicht die Französische Revolution behandelt wurde? In

Baden-Württemberg ist sie gleich ganz aus dem Lehrplan gefallen. In Bayern fehlt Hitlers Außenpolitik und in Berlin und Brandenburg wurde das Kaiserreich gestrichen.

Strukturen statt Epochen?

Einigen Reformern reicht die Straffung des Lehrplans in Zeiten einschneidender Veränderungen wie Globalisierung, digitaler Revolution und Flüchtlingskrise nicht aus: Man müsse sich ganz von der eurozentrischen Geschichte verabschieden und Weltgeschichte vermitteln. Im Gegensatz zu alten universalhistorischen Entwürfen aus der Zeit der Aufklärung, die Europa als das Zentrum und die übrige Welt als Peripherie sahen, beschreibt die neue Weltgeschichte Faktoren, die für den Prozess der Globalität heute bestimmend sind, z. B. die Rolle der Religion in der Weltpolitik, Umweltprobleme oder Migrationen, für die es keine nationalen Grenzen gibt. Durchgesetzt hat sich dieser Ansatz bisher nicht.

Stattdessen findet sich in den Geschichtslehrplänen vereinzelt eine immer stärkere Aufgliederung in Spezialgebiete. Grundsätzlich wird dabei zwischen *Zeiten, Räumen* und *Strukturen* unterschieden. In der Forschung spricht man in diesem Zusammenhang auch von „Dimensionen historischer Erfahrung": Sie werden als allgemeine Rahmenbedingungen aufgefasst, in denen sich Geschichte abspielt. Die strukturelle Gliederung von Geschichte wird zum Beispiel über einen bestimmen Interessengegenstand definiert. Dabei handelt es sich um Untersuchungsbereiche wie Wirtschaft oder Kultur. Im Unterschied zur Aufgliederung der Geschichte in Epochen ist bei diesen Teilbereichen der zeitliche Horizont der Untersuchung weiter gefasst. Setzt man sich beispielsweise mit der Frühen Neuzeit auseinander, wird die Zäsur 1789 nicht überschritten. Eine strukturelle Gliederung von Geschichte vernachlässigt dagegen zeitliche Grenzen. Seit Mitte des 20. Jahrhunderts haben sich neben der Politik- und Personengeschichte zahlreiche neue Forschungsbereiche etabliert: Sozial-, Gesellschafts-,

Wirtschafts-, Kultur-, Alltags-, Umwelt- und Geschlechtergeschichte.

1.2 Kompetenzentwicklung im Fach Geschichte

Kompetenzorientierung

Das Infragestellen von historischen Inhalten ist jedoch nicht nur auf die Reduzierung von Geschichtsstunden und diverse Lehrplanreformen zurückzuführen, sondern hängt auch eng mit der Einführung des kompetenzorientierten Unterrichts zusammen, die sehr unterschiedlich auf- und wahrgenommen wird. Während den jüngeren Kollegen im Studium und im Referendariat die Kompetenzorientierung vermittelt wird, herrscht bei vielen erfahrenen Lehrern im Schuldienst noch immer Skepsis bis Ablehnung vor. Sie ist verständlich, weil zum einen die bisherige Lernzielorientierung in Verruf geriet und zum anderen der Einführung des kompetenzorientierten Unterrichts mittels neuer Lehrpläne häufig die didaktische Begründung fehlte. Die Lehrer sahen sich darüber hinaus nicht ausreichend auf die unterrichtspraktische Umsetzung der Kompetenzorientierung vorbereitet.

Hinzu kamen Unsicherheiten in der Begrifflichkeit und die kontroversen Diskussionen über unterschiedliche Kompetenzmodelle, die für zusätzliche Verwirrung sorgten und die Befürchtung vieler Pädagogen verstärkten, es würde nunmehr kein Wert mehr auf die Vermittlung von Inhalten gelegt werden.

So geriet das Potenzial des neuen bildungspolitischen Ansatzes aus dem Blick. Denn mitnichten geht es um einen inhaltsleeren Kompetenzerwerb. Vielmehr sollen verschiedene Kompetenzen mithilfe von spezifischen Inhalten im Rahmen des historischen Lernens erarbeitet werden. Der Begriff „Kompetenz“ wird von der OECD definiert als „die Fähigkeit zur erfolgreichen Bewältigung komplexer Anforderungen in spezifischen Situationen“. Kompetentes Handeln schließe sowohl den Einsatz von Wissen, von kognitiven und praktischen Fähigkeiten als auch soziale und Verhaltenskomponenten ein (OECD, 2003). Übertragen auf die Schulpraxis bedeutet eine Kompetenz die individuelle Fähigkeit, komplexe Anforderungen und Probleme in schulischen Handlungsfeldern erfolgreich zu bewältigen. Und im Geschichtsunterricht sollen die Kompetenzen bei den Lernenden die Fähigkeit zum historischen Denken ausbilden. Die Schüler sollen lernen, mit Geschichte reflektiert umzugehen. Die kompetenzorientierte Auseinandersetzung mit der Vergangenheit trägt so dazu bei, ein Verständnis von der Welt, von den Anderen und sich selbst zu entwickeln.

Kern-Kompetenzen des Geschichtsunterrichts

In der Geschichtsdidaktik existieren inzwischen verschiedene Kompetenzmodelle, die versuchen zu beschreiben, was historisches Denken ausmacht. Da es für die Bundesländer keine bundesweit einheitlichen Vorgaben oder Empfehlungen gibt, orientieren sich die Lehrpläne an unterschiedlichen Modellen: Während die Stadtstaaten beispielsweise das FUER-Modell (Förderung und Entwicklung eines reflektierten Geschichtsbewusstseins) favorisieren, setzen Rheinland-Pfalz und Niedersachsen das Modell des Geschichtslehrerverbandes (VGD) um. Gleich ist den Modellen, dass sie sich auf zentrale Kompetenzen beschränken; über ihre Auswahl herrscht jedoch Uneinigkeit. Das Kompetenzmodell der FUER-Gruppe geht von vier Grundkompetenzen aus, die in ihrer Gesamtheit die historische Kompetenz bilden: historische Frage-, Methoden-, Orientierungs- und Sachkompetenz. Dagegen unterscheidet das VGD-Modell drei Kompetenzbereiche: Sach-, Deutungs- und Reflexions- sowie Medien-Methoden-Kompetenz.

Es würde den Rahmen sprengen, auf die Kompetenzmodelle vergleichend einzugehen (vgl. hierzu Deile, 2014). Verzichtet wird auch auf eine Darstellung der Lehrplan-Modifikationen von Kompetenzmodellen (vgl. hierzu Heil, 2010). Stattdessen wird sich hier aus pragmatischen Gründen darauf konzentriert, die *fachbezogenen Kern-Kompetenzen* vorzustellen, die in den

Geschichtslehrplänen der einzelnen Bundesländer am häufigsten verwendet werden: *Frage-*, *Sach-*, *Methoden-* sowie *Urteils- und Orientierungskompetenz.*

Fragekompetenz

Am Anfang des historischen Denkens steht die Fragestellung. Die Schüler formulieren eine Frage zu einem historischen Thema, mit dem sie sich auseinandersetzen werden. Indem sie sich Gedanken über ihr Vorwissen und Vorurteile machen, nähern sie sich bereits der Vergangenheit an. Darüber hinaus bedeuten Fragen eine Problematisierung historischer Gegenstände und fördern die Entwicklung des Geschichtsbewusstseins.

Die Fragekompetenz soll den Schülern helfen, Fragen an die Geschichte zu verstehen sowie eigene Fragestellungen unter Anleitung oder selbständig zu entwickeln. Außerdem bezieht sich die Fragekompetenz auf das Verstehen und Verarbeiten bereits existierender Fragestellungen. Denn in einer Klausur und im Abitur stellt der Schüler keine Frage, sondern bekommt in der Aufgabenstellung eine Themenfrage vorgesetzt.

Sachkompetenz

Unter Sachkompetenz sind primär historische und methodische Begrifflichkeiten sowie die Fähigkeit zur Strukturierung zu verstehen. Sie soll die Schüler unterstützen, historische Gegenstände strukturiert zu erschließen und wiederzugeben, d.h. sie können zwischen Ereignissen, Prozessen und Strukturen unterscheiden, Sachverhalte in den historischen Kontext einordnen und bei der Darstellung historischer Sachverhalte Fachbegriffe anwenden.

Zur Sachkompetenz gehören auch die Kenntnis von Daten und Fakten historischer Personen, Ereignisse und Zäsuren sowie Wissen über Prozesse, Strukturen und Zusammenhänge. Es wird immer wieder behauptet, reine Faktenkenntnis widerspreche einem kompetenzorientierten Geschichtsunterricht. Schüler sollen sich Geschichte selbst erarbeiten und nicht vorgesetzte Inhalte auswendig lernen. Allerdings sei darauf hingewiesen, dass ohne historische Grundkenntnisse auch keine Kompetenz entwickelt werden kann. Der Versailler Vertrag von 1919 lässt sich zum Beispiel weder multiperspektivisch (Zeitgenossen) noch kontrovers (Historiker) adäquat beurteilen (Sachurteil) und bewerten (Werturteil), wenn zuvor nicht die wesentlichen Inhalte und die Umstände zur Vertragsunterzeichnung erarbeitet bzw. vermittelt wurden.

Methodenkompetenz

Die Methodenkompetenz ist vor allem die Fähigkeit zur systematischen Untersuchung von Quellen und Darstellungen mithilfe fachspezifischer Arbeitsschritte gemeint. Es geht um Re-Konstruktion (auch: Konstruktion) der Vergangenheit durch einen kriteriengeleiteten Umgang mit verschiedenen Arten von Quellen. Die erarbeiteten Aspekte werden in eine eigene Narration eingearbeitet. Zudem geht es um die Fähigkeit, mit bereits existierenden Darstellungen von Geschichte umzugehen (De-Konstruktion). Schüler sollen sowohl die Perspektivität von Quellen erkennen als auch verstehen und begründen, warum Geschichte aus verschiedenen Sichtweisen immer wieder neu geschrieben wird.

Darüber hinaus werden zur Methodenkompetenz die Recherche von Informationen und in diesem Zusammenhang der kritische Umgang mit neuen Medien sowie die Präsentation von Ergebnissen gezählt.

Urteils- und Orientierungskompetenz

Die Fähigkeit zur Beurteilung historischer Sachverhalte sowie zur Begründung gegenwarts- und zukunftsbezogener Werturteile und Handlungen werden in der Regel unter Urteils- und Orientierungskompetenz zusammengefasst. Es wird unterschieden zwischen dem Sachurteil auf der historischen Ebene und dem persönlichen Werturteil aus heutiger Perspektive. Die Bildung von Sach- wie Werturteilen basiert auf Kriterien. So kommt es bei einem Sachurteil für Quellen u. a. darauf an, nach Interessen und ggf. Handlungsalternativen zu fragen. Entscheidende Kriterien für ein Werturteil sind die gegenwärtigen gesellschaftlichen und individuellen Normen sowie die Differenzierung und Gewichtung von Argumenten im Hinblick auf die Fragestellung. Auf der Grundlage dieser Urteile entwickeln die Schüler die Kompetenz, sich selbst in der Gegenwart und Zukunft zu orientieren.

Die vier Kern-Kompetenzen stehen in keinem über- oder untergeordneten Verhältnis. Im Gegenteil: Sie bedingen und überlappen einander. Der Geschichtslehrer hat so einen Rahmen, in dem er sich flexibel bewegen kann. In der Gesamtheit dienen die Kern-Kompetenzen der Ausbildung eines reflektierten Geschichtsbewusstseins.

Kern-Kompetenzen für den Geschichtsunterricht (Überblick)

Fragekompetenz	Die Schüler entwickeln Fähigkeiten, geeignete Fragen an die Vergangenheit zu stellen sowie zu einem konkreten Thema eine Frage zu entwickeln oder zu erschließen. Fragekompetenz bezieht sich zudem auf das Verstehen und Verarbeiten bereits vorliegender Fragestellungen.
Sachkompetenz	Die Schüler entwickeln die Fähigkeit, historische Gegenstände strukturiert zu erschließen und wiederzugeben, d.h. sie können zwischen Ereignissen, Prozessen und Strukturen unterscheiden, Sachverhalte in den historischen Kontext einordnen und bei der Darstellung von Sachverhalten historische und methodische Fachbegriffe anwenden.
Methodenkompetenz	Die Schüler entwickeln die Fähigkeit zur systematischen und kriteriengeleiteten Untersuchung von Quellen für die Re-Konstruktion der Vergangenheit. Zudem geht es um die Fähigkeit, mit bereits existierenden Darstellungen von Geschichte umzugehen (De-Konstruktion). Darüber hinaus wird zur Methodenkompetenz die Recherche von Informationen und die Präsentation von Ergebnissen gezählt.
Urteils- und Orientierungskompetenz	Die Schüler entwickeln die Fähigkeit zur Beurteilung historischer Sachverhalte sowie zur Begründung gegenwarts- und zukunftsbezogener Werturteile und Handlungen. Diese Urteile unterstützen sie, sich in der Gegenwart und Zukunft zu orientieren.

2. Untersuchungsverfahren

Um historische Gegenstände zu erschließen, verfügt die Geschichtswissenschaft über entsprechende Zugriffe. In der Literatur werden sie als „Darstellungsprinzipien", „Strukturierungskonzepte" oder „Untersuchungsverfahren" bezeichnet. Die Geschichtslehrpläne favorisieren neben der Chronologie auch den Längsschnitt, den Querschnitt, die Fallanalyse sowie den Vergleich. Alle Konzepte weisen Vor- und Nachteile auf. Darüber hinaus kommt es in der Unterrichtspraxis zwischen den einzelnen Untersuchungsverfahren zu Überschneidungen.

2.1 Chronologie

Kennzeichen

Beim genetisch-chronologischen Verfahren folgt die Untersuchung von Geschichte der linearen temporalen Ordnung sowie der kausalgenetischen Erklärungsweise: Mittels einer zeitlichen Gliederung (chronologisches Prinzip) werden die gegenwärtigen Verhältnisse als Resultat historischer Ereignisse angesehen (genetisches Prinzip). Es ist das dominierende Prinzip in den Lehrplänen der Sekundarstufe I, in der die Schüler die Geschichte von der Frühzeit bis zur Gegenwart anhand relevanter Epochen behandeln. Das Verfahren dient vor allem der Förderung der narrativen Kompetenz.

Vor- und Nachteile

Dieses Verfahren hilft vor allem bei der Orientierung in der Geschichte. Zudem bildet es in der Unterrichtspraxis eine Voraussetzung für die Anwendung anderer Zugriffe wie Längsschnitt, Querschnitt oder Fallanalyse.

Kritiker dieses Verfahrens bemängeln, es reduziere Geschichte zur „Einbahnstraße", auf der die Themen vereinfacht und kleinschrittig abgearbeitet werden. Zudem erscheint die

Geschichte als zwangsläufiger Prozess, der alternativlos auf die Gegenwart zuläuft. Handlungsalternativen der historischen Akteure würden beispielsweise unberücksichtigt bleiben.

Beispiel für die Sekundarstufe I

Thema der Unterrichtseinheit: *Die Weimarer Republik*

Themenfragen der Unterrichtssequenzen	Inhaltliche Schwerpunkte
Die Weimarer Republik – die „demokratischste Demokratie der Welt"?	• Kriegsende und Revolution 1918/19 • Verfassung und Parteien
Krisenjahre – Stärkung oder Schwächung der Republik?	• Krisenjahre 1919–23
Die Goldenen Zwanziger – Fortschritt und Wohlstand für alle?	• Jahre der Stabilisierung 1924–28 • Sozialpolitik • Außenpolitik
Die Endphase der Republik – zum Scheitern verurteilt?	• Endphase 1929–33 • Weltwirtschaftskrise • Staatskrise • Aufstieg der NSDAP • Scheitern der Republik

Beispiel für die Sekundarstufe II

Thema der Unterrichtseinheit: *Die Französische Revolution – Freiheit und Gleichheit für alle?*

Themenfragen der Unterrichtssequenzen	Inhaltliche Schwerpunkte
Die Französische Revolution – Freiheit und Gleichheit für alle?	• Entwicklung der Fragestellung für die Unterrichtseinheit • Revolutionsbegriff • Phasen der Revolution
Warum geriet das Ancien Regime in die Krise? – Ursachen der Französischen Revolution	• geistige Faktoren • wirtschaftliche Faktoren • soziale Faktoren • politische Faktoren
Die Beschlüsse der Nationalversammlung – Konnte der Dritte Stand seine Forderungen durchsetzen?	• Die drei Revolutionen 1789 • Beschlüsse der Nationalversammlung

Themenfragen der Unterrichtssequenzen	Inhaltliche Schwerpunkte
Die Erklärung der Menschen- und Bürgerrechte – Vorbild für moderne Grundrechtskataloge?	• Erklärung der Menschen- und Bürgerrechte von 1789 • Verfassung von 1791
Die Schreckensherrschaft – Ist Terror ein legitimes Mittel zur Durchsetzung politischer Ziele?	• Radikalisierung der Revolution 1791–93 • Phase der Jakobinerherrschaft 1793/94 • Nationalkonvent/Wohlfahrtsausschuss • Hinrichtung Ludwigs XVI.
Die Herrschaft Napoleons – Rückkehr zur absoluten Monarchie?	• Herrschaft der Thermidorianer und des Direktoriums 1794–99 • Herrschaft Napoleons 1799–1815 • Code civil • Rückgriff auf Fragestellung der Unterrichtseinheit

2.2 Längsschnitt

Kennzeichen

Der Längsschnitt ist ein Verfahren, das historische Gegenstände epochenübergreifend über mehrere Zeiträume untersucht. Im Gegensatz zum genetisch-chronologischen Verfahren stehen nicht die Breite und Komplexität geschichtlicher Abläufe im Mittelpunkt des Interesses, sondern einzelne überschaubare Aspekte, z. B. Menschenrechte, Migration oder Friedensschlüsse in der Geschichte. Für die Unterrichtsarbeit ist es sinnvoll, Kriterien und Untersuchungsfragen zu entwickeln.

Das Längsschnittverfahren dient vor allem der Förderung der Frage- sowie Urteilskompetenz und findet sich primär in den Lehrplänen der Sekundarstufe II oder als Ergänzung zum chronologischen Durchlauf in der Sekundarstufe I.

Vor- und Nachteile

Die Konzentration auf einen historischen Gegenstand ermöglicht dessen vertiefende und detaillierte Analyse. Allerdings führt diese Konzentration zwangsläufig zur Isolierung, da der Längsschnitt nicht den gesamtgeschichtlichen Zusammenhang des ausgewählten Gegenstandes in den einzelnen Epochen aufzeigen kann. Wie lässt sich z.B. die Geschichte der Frauen im Mittelalter ohne die Kenntnis der mittelalterlichen Gesellschaftsordnung angemessen untersuchen und beurteilen? Ein Vorteil von Längsschnitten ist der Gegenwartsbezug. Da mit Längsschnitten häufig grundlegende Bereiche menschlichen Lebens, z.B. Wohnen, Arbeit oder Migration, erforscht werden, kann Geschichte als Vorgeschichte heutiger Verhältnisse fortlaufend bis in die Gegenwart verfolgt werden. So erkennen Schüler beispielsweise, dass Wanderungen von Bevölkerungsgruppen kein reines Phänomen der Gegenwart sind.

Beispiele für die Sekundarstufe I

Themenfrage: Migrationen – Chance oder Belastung?	
Epoche	**historisches Beispiel**
Antike	Migration germanischer Gruppen in Mittel- und Südeuropa 4.-6. Jh. („Völkerwanderung")
Mittelalter	Ostsiedlung und Binnenkolonisation
Frühe Neuzeit	Migration der Hugenotten und Böhmen nach Brandenburg-Preußen
19. Jh.	Auswanderung nach Amerika
20. Jh.	Migration in die Bundesrepublik („Gastarbeiter") Migration in die DDR („Vertragsarbeiter")
21. Jh.	Migrationskontinent Europa („Flüchtlingskrise")

Kriterien	Untersuchungsfragen
Zeit	In welchem Zeitraum fand die Migration statt?
Ursachen	Aus welchen Gründen (religiös, politisch, wirtschaftlich) haben die Menschen (freiwillig oder zwangsweise) ihre Heimat verlassen?
Weg	Unter welchen Bedingungen und auf welchem Weg wanderten sie aus bzw. ein?
Integration	Wie wurden sie vom Staat und der Bevölkerung im Einwanderungsland aufgenommen?
ggf. Folgen	Welche langfristigen Folgen hatte die Migration?

Beispiel für die Sekundarstufe II

Themenfrage: Friedensschlüsse – Instrumente für eine stabile Ordnung?	
Jahr	**historisches Beispiel**
1648	Westfälischer Frieden
1815	Wiener Schlussakte
1919	Versailler Vertrag
1945	Potsdamer Protokoll
1995	Abkommen von Dayton

Kriterien	**Untersuchungsfragen**
Zeit	Wann wurde der Friedensschluss verabschiedet? Welcher Epoche ist er zuzuordnen?
Grund	Welcher Krieg ging dem Friedensschluss voraus?
Teilnehmer	Wer nahm an den Friedensverhandlungen teil?
Ziel	Welches Ziel wurde mit den Verhandlungen verfolgt? ggf. Welche Ziele vertraten die einzelnen Teilnehmer?
Ergebnis	Welche Ergebnisse beinhaltete der Friedensschluss?
Schuldfrage	Wurden Schuldzuweisungen in den Vertragstext aufgenommen?
Stabilität	Wie lässt sich die Stabilität der geschaffenen Friedensordnung beurteilen?

2.3 Querschnitt

Kennzeichen

Beim Querschnitt konzentriert sich das Interesse auf die Untersuchung einer bestimmten Epoche. Das Verfahren gleicht einer Momentaufnahme der Geschichte, in der zeitgleiche historische Ereignisse und Prozesse synchron angeordnet werden. Dabei werden von einem Zeitabschnitt parallel politische, wirtschaftliche, soziale, kulturelle und rechtliche Aspekte sowie ihre Zusammenhänge untersucht. Der ausgewählte Gegenstand kann ein Jahr, z. B. das Jahr 1917, mehrere Jahrzehnte, z. B. Kalter Krieg, oder auch mehrere Jahrhunderte, z. B. Lebensformen im Mittelalter, umfassen.

Obwohl die Themen häufig in einer chronologischen Abfolge erarbeitet werden, ist die zeitliche Verbundenheit keine zwangsläufige Voraussetzung. So können für einen bestimmten Gesichtspunkt nicht relevante Jahre unberücksichtigt bleiben. Das Verfahren eignet sich für fachübergreifenden Unterricht und dient insbesondere der Förderung der Methodenkompetenz.

Vor- und Nachteile

Grundsätzlich ermöglicht das Verfahren des Querschnitts nicht nur einen umfassenden Überblick eines historischen Zeitabschnitts, sondern durch die synchrone Untersuchung mehrerer Sachverhalte auch ein differenziertes Profil einer geschichtlichen Epoche. So können Aspekte, wie beispielsweise Wirtschafts- oder Alltagsgeschichte, die beim genetisch-chronologischen Prinzip zwangsläufig der didaktischen Reduktion zum Opfer fallen, in die Analyse einbezogen werden. Die Nachteile dieses Prinzips liegen darin, dass durch diese Momentaufnahme die Problemorientierung und historische Entwicklungslinien vernachlässigt werden.

Beispiel für die Sekundarstufe I

Thema der Unterrichtseinheit: *Lebensformen im Mittelalter*

Lebensform	mögliche Leitfragen
Burg	• Wie war die Burg aufgebaut? • Wie lebten die Burgbewohner? • Welche Bedeutung hatten die Burgen im Mittelalter?
Kloster	• Wie war eine Klosteranlage aufgebaut? • Wie sah der Klosteralltag aus? • Welche Bedeutung hatten die Klöster im Mittelalter?
Stadt	• Wann und warum entstanden Städte? • Wie lebten die Stadtbewohner? • Wer regierte in den Städten? • Welche Bedeutung hatten die Städte im Mittelalter?
Dorf	• Wie entstanden Dörfer? • Wie sah der Alltag im Dorf aus? • Wie war das Verhältnis zwischen Bauer und Grundherr?

Beispiel für die Sekundarstufe II

Thema der Unterrichtseinheit: *Das Jahr 1917 – eine Zäsur?*

historischer Gegenstand	inhaltliche Schwerpunkte
Kriegseintritt der USA	• Erster Weltkrieg • U-Bootkrieg • Kontroverse in den USA: Neutralität oder Kriegseintritt? • Folgen des Kriegseintritts
Russische Revolution	• Erster Weltkrieg • Krise des Zarenreichs • Februarrevolution • Oktoberrevolution • Folgen der Revolution

2.4 Vergleich

Kennzeichen

Der Vergleich bezeichnet ein Untersuchungsverfahren, in dem zwei oder mehrere historische Ereignisse bzw. Sachverhalte direkt gegenübergestellt werden, um Gemeinsamkeiten und Unterschiede zu erarbeiten. Voraussetzung für dieses Verfahren ist die Aufstellung aussagekräftiger Vergleichskriterien. In der Geschichtswissenschaft wird zwischen diachronen und synchronen Vergleichen unterschieden. Beim synchronen Vergleich werden zeitgleiche historische Sachverhalte verglichen, z. B. die Industrialisierung in England und Deutschland oder der aufgeklärte Absolutismus in Preußen, Österreich und Russland. Ein diachroner Vergleich untersucht Phänomene aus unterschiedlichen Zeiten bzw. Epochen, z. B. der Vergleich zwischen der Weimarer Republik und der Bundesrepublik.

Für einen Vergleich eignen sich insbesondere Strukturen, z. B. Verfassung oder Herrschaft, Verläufe, z. B. Revolutionen oder Staatsbildungen, sowie Ideologien, z. B. Faschismus oder Kommunismus.

Vor- und Nachteile

Der Vergleich ermöglicht einerseits die Kontrastierung, also das Sichtbarmachen von Unterschieden zwischen zwei historischen Phänomen, und andererseits die Herausarbeitung von Gemeinsamkeiten, die generalisierende Aussagen erlauben. So lassen sich bei einem Vergleich zwischen der faschistischen Bewegung in Italien und Deutschland grundlegende Kennzeichen des Faschismus aufstellen. Kritiker dieses Verfahrens weisen darauf hin, dass sich geschichtliche Ereignisse und Prozesse nicht für einen Vergleich künstlich isolieren lassen, da sie z. B. die Beziehungen, die zwischen zwei historischen Phänomenen existieren, nicht berücksichtigen.

Beispiel für die Sekundarstufe I

Thema der Unterrichtseinheit: *Industrialisierung*

Historische Gegenstände für den Vergleich	mögliche Vergleichskriterien
• Industrialisierung in England • Industrialisierung in Deutschland	• Beginn der Industrialisierung • Voraussetzungen für die Industrialisierung • bedeutende Industriezentren und -zweige • Auswirkungen auf die Arbeits- und Lebenswelt • Folgen für die Umwelt

Beispiel für die Sekundarstufe II

Thema der Unterrichtseinheit: *Faschismus in der Zwischenkriegszeit*

Historische Gegenstände für den Vergleich	mögliche Vergleichskriterien
• Faschismus in Italien • Faschismus in Deutschland	• Ursachen für den Aufstieg faschistischer Bewegungen • Propaganda • Führerprinzip • Errichtung der Diktatur • Mittel zur Durchsetzung der Diktatur • Verfolgung von Minderheiten • Ziele der Außenpolitik

2.5 Fallanalyse

Kennzeichen

Die historische Fallanalyse untersucht einen konkreten repräsentativen Fall im gesamtgesellschaftlichen Kontext. Durch die Auflösung des Falles in Teilprobleme und in verschiedene Dimensionen wird die Komplexität der Umstände und der Wechselwirkungen sichtbar. Das Fallbeispiel sollte ein einmaliges und unwiederholbares Ereignis sein, das zeitlich und räumlich begrenzt ist, in dem einzelne Personen, Gruppen bzw. Institutionen agieren und an dem sich Grundzüge des Geschichtlichen aufzeigen lassen. Entscheidend ist, ob die im Einzelfall gewonnenen Erkenntnisse übertragbar sind.

In der Regel wird zwischen drei Arten der historischen Fallanalyse unterschieden: das Lokalmodell, z. B. Berlin-Krisen im Kalten Krieg, die Konfliktanalyse, z. B. Pizarros Eroberung des Inkareiches, sowie die Ereignisanalyse, z. B. Kaiserwahl Ottos I.

Vor- und Nachteile

Die Fallanalyse ermöglicht die umfassende und vertiefende Untersuchung eines historischen Sachverhaltes. Allerdings bleibt hinsichtlich der Übertragbarkeit zu beachten, dass jedes historische Phänomen etwas Einmaliges beinhaltet. Aufgrund seiner Komplexität wird daher ein umfassender Transfer in andere historische Zusammenhänge nie vollständig gelingen.

Beispiel für die Sekundarstufe I bzw. II

Thema der Unterrichtseinheit: *Ein Schulkonflikt in der DDR (1988)*

Gegenstand: Im Herbst 1988 kam es an der Erweiterten Oberschule (EOS) „Carl von Ossietzky" im Ostberliner Stadtbezirk Pankow zu einer Auseinandersetzung zwischen Schülern und der Staatsmacht. Zu Beginn des Schuljahres hatte ein Schüler an der Schulwandzeitung „Speakers' Corner" einen kritischen Artikel veröffentlicht, in dem er angeregte, auf die bevorstehende Militärparade zum Jahrestag der DDR-Staatsgründung am 7. Oktober zu verzichten. Dieser Artikel war mit einer Liste verbunden, auf der viele Schüler die Forderung mit ihrer Unterschrift unterstützten. Weitere kritische Artikel folgten. Weil der Direktor den Fall an seine Vorgesetzten meldete, die ihn an Volksbildungsministerin Margot Honecker weiterleiteten, wurden die Wandzeitung zum Politikum. Der SED-Staat ging mit voller Härte gegen die Schüler vor. Am Ende wurden vier Schüler der Schule verwiesen.

Weitere Informationen unter https://www.bundesstiftung-aufarbeitung.de/opposition-und-widerstand-2471.html?PAGE=artikel_detail&artikel_id=98

Vorgehen

Phase	thematischer Schwerpunkt	möglicher Transfer
Planungsphase	Konfrontation mit dem Fall Erarbeitung von Leitfragen und Untersuchungskriterien	
Erarbeitungsphase	Wer durfte Abitur machen? – Die Aufnahmebedingungen für die Abiturstufe	Bildungs- und Erziehungssystem in der DDR
	Die kritischen Artikel – ein Verfassungsbruch?	Presse- und Meinungsfreiheit in der DDR
	Die „Fallmeldung" des Direktors	Die Rolle der SED
	„Vertrauensvolle Gespräche" oder „Verhöre"? – Die Vorladung der Schüler	Repression in der DDR
	Der FDJ-Ausschluss	Massenorganisationen in der DDR
Urteilsphase	Durchführung eines Tribunals	

2.6 Individualisierend-biografisches Verfahren

Kennzeichen

Beim individualisierend-biografischen Verfahren steht der Lebensweg einer Person im Mittelpunkt. Neben berühmten historischen Akteuren, z. B. Augustus, Katharina II. oder Luther sind auch Biografien von Menschen gemeint, die Geschichte „erleiden". Schüler setzen sich also nicht nur mit Regierungsmaßnahmen von Staatsmännern und -frauen auseinander, sondern untersuchen auch die Folgen für die Bevölkerung: Welche Auswirkungen hatte das Edikt von Potsdam 1685 – für die Hugenotten und die Brandenburger? Welche Reaktionen löste der Beginn des Ersten Weltkrieges in den Familien aus? Oder wie verhielt sich ein Grenzsoldat, wenn ein DDR-Bürger versuchte, über die innerdeutsche Grenze in den Westen zu flüchten?

Anhand repräsentativer Biographien lassen sich generalisierbare Rückschlüsse auf soziale Schichten ziehen, um Einblicke in die Strukturen einer Gesellschaft und das Alltagsleben der Menschen zu gewinnen.

Eine Besonderheit weist das „personifizierende" Verfahren (Klaus Bergmann) auf: Hierbei werden fiktive Biografien entwickelt, die Geschichte aus der Sicht der „stummen Masse", d.h. unterprivilegierter Schichten, z. B. Bauern und Arbeiter, erzählen: Wie reagierte ein Bauer aus Pommern auf den Kartoffelbefehl Friedrichs II.? Wie erlebte ein Arbeiter aus Essen die Industrialisierung in seiner Fabrik? oder Wie lebte ein Dienstmädchen in Hamburg um die Jahrhundertwende?

Vor- und Nachteile

Die Unterrichtsarbeit mit Biografien besitzt einen hohen Motivationsfaktor für die Lernenden. Denn abstrakte historische Prozesse werden durch den individualisierenden Zugriff exemplarisch im wahrsten Sinne des Wortes erlebbar. Die Auseinandersetzung mit Lebensläufen ermöglicht nicht nur Identifikation, sondern fordert auch zur Abgrenzung auf. Allerdings besteht die Gefahr, dass der biografische Zugriff auch zur voreiligen Identifikation führt und so ein differenziertes Urteil über das Handeln von Menschen verhindert. Und wie bei der Fallanalyse sind die Möglichkeiten des Transfers begrenzt.

Beispiele für ein Rollenspiel in der Sekundarstufe I
Thema der Unterrichtssequenz: *Soldaten im Ersten Weltkrieg – Frauenhelden oder Kriegsopfer?*

Hinweis: Es handelt sich um eine fiktive Familienkonstellation 1915.

Person	Familien-stellung	Beruf	Haltung zum freiwilligen Kriegsdienst von Friedrich
Friedrich Schulz	Sohn	18-jähriger Schusterlehrling	pro
Wilhelm Schulz	Vater	Schuster; hat im Deutsch-Französischen Krieg 1870/71 gekämpft	pro
Hildegard Schulz	Mutter	Krankenschwester	contra
Friedel	Verlobte von Friedrich	17-jährige Schülerin	pro
Klara Schulz	Schwester	Telefonistin	contra
Hans Schulz	Onkel	Offizier, aufgrund einer Kriegsverletzung (1914) im Lazarett	contra

Beispiel für Unterrichtseinheit in der Sek. II
Thema: *Frauen der Reformationszeit*

Katharina von Bora – Nur die Frau an Luthers Seite?
Die Landgräfin Elisabeth von Rochlitz – „vergessener Star der heißen Reformationszeit" (Thieme)?
Die Flugschriftautorin Ursula Weyda – Das Klosterleben sei teuflisch?

2.7 Perspektivisch-ideologiekritisches Verfahren

Kennzeichen

Die Aufgabe des perspektivisch-ideologiekritischen Verfahrens besteht darin, die Interessenbedingtheit von Programmen, Forderungen, Lehren oder Auffassungen aufzudecken, die allgemeine Geltung beanspruchen. Mithilfe von rationalen wissenschaftlichen Argumenten werden Perspektiven und Ideologien historischer Deutungen aufgezeigt, um Irrtümer und Legenden über Vergangenheit zu vermeiden. Einige der Auseinandersetzungen um Ursachen und Wirkungen nationaler, ideologischer oder religiöser Geschichtsvorstellungen oder Geschichtsbilder beschäftigen nicht nur die Historiker, sondern auch die Öffentlichkeit. Das kann an einer Emotionalisierung des Themas liegen oder seiner Bedeutung für die nationale Identität. Gerade zeitnahe und politische brisante Kontroversen, z. B. „Die DDR – ein Unrechtsstaat?", beschäftigen auch viele Nicht-Historiker – nicht zuletzt aufgrund ihrer biografisch-familiären Betroffenheit.

Vor- und Nachteile

Der Vorzug einer perspektivisch-ideologiekritischen Untersuchung besteht zum einen in der Einsicht, dass es – von der faktischen Ebene abgesehen – nicht die eine Geschichte gibt, sondern immer nur bestimmte Deutungen der Vergangenheit. Zum anderen zeigt eine solches Verfahren, dass diese Deutungen von bestimmten Voraussetzungen, z. B. Zeitumständen und Interessen, abhängig sind. Allerdings wird zu Recht in der Literatur darauf hingewiesen, dass dieses Untersuchungsverfahren sehr anspruchsvoll ist und daher nur in den Lehrplänen für die Sekundarstufe II zu finden ist.

Beispiel für Sekundarstufe II

Untersuchung zweier Reden im Rahmen der Unterrichtseinheit *Zweiter Weltkrieg*

Gegenstand: Bei dem Beispiel geht es um die Bedeutung des 8. Mai 1945 für die deutsche Geschichte. Im Mittelpunkt der Untersuchung stehen zwei Reden aus dem Jahr 1985, die anlässlich des 40. Jahrestages des Kriegsendes gehalten wurden: die Rede von Bundespräsident Richard von Weizsäcker und die Rede des Präsidenten der DDR-Volkskammer Horst Sindermann.

Es handelt sich um eine politisch-ideologische Auseinandersetzung, weil die Perspektivität der historischen Aussagen auf unterschiedlichen Ideologien der beiden deutschen Staaten im 20. Jahrhundert basiert. In der DDR wurde vom marxistisch-ideologischen bzw. sozialistisch/kommunistischen Standpunkt argumentiert. Danach sei der 8. Mai – in der DDR auch ein Staatsfeiertag – ein „Tag der Befreiung vom Faschismus". Hervorgehoben werden zum einen „der Sieg des Sowjetvolkes im Großen Vaterländischen Krieg unter Führung der Kommunistischen Partei der Sowjetunion" und zum anderen die deutschen Kommunisten, „die den Kampf gegen Militarismus und Faschismus nie aufgegeben hatten".

In der Bundesrepublik wurde von einer liberal-demokratischen Haltung argumentiert. Der Tag war bedeutend, aber kein nationaler Feiertag wie in der DDR. Stattdessen hatten sich unterschiedliche Deutungen herausgebildet: „Tag der Niederlage", „Tag der Kapitulation" und erst relativ spät und nicht unumstritten: „Tag der Befreiung". Zudem bestimmte der Kalte Krieg die Sinngebung des 8. Mai: Verweis auf Flucht und Vertreibung sowie die Teilung Deutschlands. Mit der deutschen Wiedervereinigung 1990 verlor die Haltung Sindermanns an Bedeutung.

Redner	Rede
Richard von Weizsäcker, Bundespräsident der Bundesrepublik Deutschland (1984–1994)	Anlass: 40. Jahrestag des Kriegsendes Zeit: 1985 Ort: Deutscher Bundestag, Bonn
Horst Sindermann, Präsident der Volkskammer der DDR (1976–1989)	Anlass: 40. Jahrestag des Kriegsendes Zeit: 1985 Ort: Volkskammer, Ost-Berlin

3. Didaktische Prinzipien

Für die Erarbeitung eines historischen Themas stehen dem Geschichtslehrer verschiedene didaktischen Prinzipien zur Verfügung. Es sind die Grundsätze historischen Lernens. Die Prinzipien sind nicht an bestimmte Themen und Methoden gebunden. Es gibt auch keine feststehende Prinzipien-Liste, weil sich die Anzahl der Prinzipien im Verlauf der geschichtsdidaktischen Diskussion immer wieder verändert hat. Ungeachtet dessen sind einige Prinzipien inzwischen zum Standard für die Unterrichtspraxis geworden und werden nicht mehr explizit als didaktische Prinzipien aufgelistet, z. B. Schüler-, Quellen- oder Problemorientierung. In den letzten Jahren hat sich zudem die Kompetenzorientierung durchgesetzt.

Daher werden hier nur vier relevante Prinzipien mit Praxisbeispielen vorgestellt: Multiperspektivität, Kontroversität, Gegenwartsorientierung und Handlungsorientierung. Alle Prinzipien weisen Vor- und Nachteile auf. Und wie bei den Unterrichtsverfahren (vgl. Kap. 2) kommt es zu Überschneidungen.

3.1 Multiperspektivität

Kennzeichen

Multiperspektivität wird inzwischen von vielen Didaktikern als das zentrale Prinzip im Geschichtsunterricht bezeichnet. Es gehört neben Kontroversität und Pluralität zum Drei-Ebenen-Modell von Perspektivität, das von Klaus Bergmann entwickelt wurde (vgl. auch Kontroversität). Das Prinzip der Multiperspektivität geht davon aus, dass historische Ereignisse, Prozesse und Personen aus unterschiedlichen Perspektiven wahrgenommen und überliefert wurden. Dabei sind diese Sichtweisen nicht nur von den ethnischen, sozialen, kulturellen, ideologischen, politischen und religiösen und Zugehörigkeit der Individuen bzw. Gruppen abhängig, sondern auch von deren Interessen und Handlungsspielräumen. Entscheidend ist zudem der situative Kontext: Sind die Zeitzeugen Betroffene oder „nur“ Beobachter von Geschichte?

Vor- und Nachteile

Das didaktische Prinzip der Multiperspektivität lässt die Schüler erkennen, dass geschichtliche Ereignisse, Prozesse und Personen schon von Zeitgenossen unterschiedlich wahrgenommen und beurteilt wurden. Wird dieses Prinzip im Unterricht konsequent umgesetzt, verabschiedet man sich von einer Präsentation der einzig wahren Geschichte. Der Einsatz multiperspektivischer Quellen fördert damit nicht nur die Methodenkompetenz, sondern auch die Urteilskompetenz: Unter Berücksichtigung des geschichtlichen Kontextes setzen sich die Lernenden mit einem historischen Gegenstand aus unterschiedlichen Perspektiven auseinander (Sachurteil) und gelangen mit den Ergebnissen im Idealfall zu einem differenzierten Urteil aus heutiger Sicht (Werturteil). Quellengrundlage können schriftliche wie bildliche Zeugnisse sein.

Problematisch ist vor allem das überlieferte Quellenmaterial. Denn die Suche nach multiperspektivischen Quellen ist – abgesehen von den Standardthemen – sehr zeitintensiv. Die Zeitgenossen haben sich andere Fragen gestellt als die heute im Unterricht vorgegebenen und erarbeiteten. Und die Anzahl der Schweigenden ist groß. Es fehlen – aus unterschiedlichen Gründen – Überlieferungen von Aussagen und Urteilen vieler historischen Individuen und Gruppen. So existieren beispielsweise nur wenige Zeugnisse der altamerikanischen Völker, um aus deren Sicht die „Entdeckung“ und Eroberung der „Neuen Welt“ durch die Europäer adäquat darzustellen. Und im Mittelalter beschrieb kein Bauer seine soziale Lage. Viele Geschichtslehrer füllen diese perspektivischen Lücken mit handlungsorientierten Aufgabenstellungen: Schüler erhalten beispielsweise den Auftrag, einen Brief oder Tagebucheintrag zu schreiben. Oder einen fiktiven Tweet. Die Vielfalt der Medien ist dabei so groß wie die Lebenswelt unserer Schüler.

Beispiele

Thema	Sekundarstufe	multiperspektivische Quellen
Kaiserkrönung Karls des Großen	Mittelstufe	schriftliche Quellen von Einhard, Gelehrter an der Hofschule Karls des Großen, und Papst Leos III.
Versailler Vertrag und dessen Instrumentalisierung von den Gegnern der Weimarer Republik	Mittelstufe	bildliche Quellen: Wahlplakate von Parteien, z. B. KPD und NSDAP
Kalter Krieg	Mittel- und Oberstufe	Propagandaplakate, z. B. USA und SU
Französische Revolution: die Jakobinerherrschaft	Oberstufe	Zwei anonyme Artikel aus zeitgenössischen französischen Zeitungen von 1793
Friedliche Revolution in der DDR („Wende")	Oberstufe	Aufruf „Für unser Land" von 1989 und Stellungnahme des Schriftstellers Günter Kunert zum Aufruf (1989)

Beispiel für Sekundarstufe II (Unterrichtsverlauf)

Phase	Vorgehen
Einstieg	Entwicklung einer Themenfrage (Ist Terror ein geeignetes Mittel zur Durchsetzung von politischen Zielen?), ggf. mit Aktualitätsbezug
Erarbeitung I	arbeitsteilige Analyse von zwei anonymen Artikeln aus zeitgenössischen französischen Zeitungen
Ergebnissicherung I	Präsentation der Analyse-Ergebnisse
Erarbeitung II (Progression)	Vergleich anhand (selbst gewählter) Aspekte
Ergebnissicherung II	Präsentation des Vergleichs

3.2 Kontroversität

Kennzeichen

Kontroversität ist die zweite Ebene des Perspektiv-Modells. Dieses Prinzip geht davon aus, dass ein geschichtlicher Gegenstand aus der Perspektive der Nachgeborenen unterschiedlich erklärt und beurteilt werden kann. Genauso wie Zeitzeugen werden historische Ereignisse, Prozesse und Personen auch von Betrachtern späterer Generationen verschiedenartig gedeutet. Gemeint sind primär Historiker, die sich mit historischen Gegenständen auseinandersetzen. Zum Einsatz können aber auch Darstellungen von Journalisten oder Reden von Politikern zu Gedenktagen kommen. Wie bei der Multiperspektivität ist auch die Standortgebundenheit der später Betrachtenden zu berücksichtigen.

Klaus Bergmann hat sein Perspektivitätsmodell um eine dritte, unterrichtsbezogene Ebene erweitert: das Prinzip der Pluralität. Auf dieser Ebene deuten die Lernenden selbständig Geschichte und gelangen unter Bezugnahme auf multiperspektivische Quellen und kontroverse Darstellungen ihrerseits zu unterschiedlichen Urteilen.

Vor- und Nachteile

Werden im Unterricht unterschiedliche Darstellungen von Historikern über einen geschichtlichen Gegenstand eingesetzt, erkennen Schüler, dass Geschichte auch von späteren Generationen bis in die Gegenwart unterschiedlich gedeutet wird. Die Auseinandersetzung mit mehreren Darstellungen fördert die Methodenkompetenz und ermöglicht es ihnen zugleich, mithilfe ihres historischen Wissens und/oder der Analyse von Quellen die Argumentation des Historikers zu beurteilen. Und sich auf der Ebene der Pluralität selbst zu positionieren.

Allerdings lässt sich auf der Suche nach gegensätzlichen Darstellungen von Historikern sehr schnell feststellen, dass es „echte" Kontroversität nur selten gibt. Häufig unterscheiden sich die Darstellungen nur um die Gewichtung der Argumente.

Insofern besitzt die berühmte Fischer-Kontroverse ein Alleinstellungsmerkmal, auch im Hinblick auf ihre Dauer: Über zwei Jahrzehnte zog sich der Streit über die deutsche Verantwortung für den Kriegsbeginn 1914. Allerdings eignen sich auch Rezensionen von Historikern oder Journalisten, die der Argumentation und der Schlussfolgerung des Autors eines neuen Buches widersprechen, z. B. bei der Besprechung von Daniel Goldhagens „Hitlers willige Vollstrecker“ (1996) oder Jörg Friedrichs „Der Brand. Deutschland im Bombenkrieg 1940–1945“ (2002).

Problematisch gestaltet sich der Einsatz von Darstellungen aufgrund des intellektuellen Anspruchs, der für die Lernenden schon sprachlich oft eine unüberwindbare Verständnishürde darstellt. Die Texte müssten mit einer umfangreichen Legende versehen werden, was zeitaufwendig ist. Sie zu kürzen, damit sie nicht abschreckend wirken, kann darüber hinaus zu Verzerrungen der Argumentation führen.

Beispiele

Themenfrage	Sekundarstufe	kontroverse Darstellungen
Friedrich II. von Preußen – ein aufgeklärter Herrscher?	Mittel- und Oberstufe	Historiker-Texte von Johannes Unger und Bruno Preisendörfer
Warum scheiterte die Weimarer Republik?	Mittel- und Oberstufe	Historiker-Texte von Eberhard Kolb (2002) und Karlheinz Weißmann (1995)
Wer ist schuld am Kalten Krieg?	Mittel- und Oberstufe	Historiker-Texte von Eric Hobsbawm (1994) und Wilfried Loth (1999)
Die DDR – (k)ein Unrechtsstaat?	Oberstufe	Texte der Politikwissenschaftlerin Gesine Schwan (2009) und des Rechtswissenschaftlers Gerd Roellecke (2009)
Friedensnobelpreis für Europa (2012) – eine gerechtfertigte Würdigung?	Oberstufe	Texte der Journalisten Matthias Krupa und Danuta Szarek

Beispiel für die Sekundarstufe II (Unterrichtsverlauf)

Phase	Vorgehen
Einstieg	Vorgabe oder Entwicklung einer Themenfrage (Wer ist schuld am Ersten Weltkrieg?)
Erarbeitung I	arbeitsteilige Analyse von zwei kurzen Historikertexten (Christopher Clark und Annika Mombauer) sowie Präsentation der Ergebnisse
Ergebnissicherung I	Präsentation der Analyse-Ergebnisse
Erarbeitung II (auch Progression)	Vergleich anhand (selbst gewählter) Aspekte (z.B. Schuldfrage; Absicht der verantwortlichen Politiker) sowie Präsentation der Ergebnisse
Ergebnissicherung II	Präsentation der Vergleichs-Ergebnisse

3.3 Gegenwartsbezug

Kennzeichen

Die Beschäftigung mit der Vergangenheit erfolgt aus der Perspektive der Gegenwart; es sind unsere heutigen Fragen, die wir an die Geschichte stellen. Und in der Bewertung historischer Ereignisse, Prozesse und Personen legen wir unsere Wertmaßstäbe an (Werturteil). Im Geschichtsunterricht sollten die Unterrichtsgegenstände daher einen Bezug zur Gegenwart aufweisen; im Idealfall auch zur Lebenswelt der Schüler. Für die Lernenden muss also erkennbar werden, dass eine Beschäftigung mit der Vergangenheit auch ihre Gegenwart betrifft und eine Orientierungsfunktion für ihre Zukunft besitzt.

Formen

Es ließen sich folgende Arten von Gegenwartsbezügen unterscheiden:

Aufhänger: Als Einstieg für eine Unterrichtsstunde dient ein aktuelles Ereignis oder eine in der Öffentlichkeit geführte Debatte. Dieser Aufhänger dient vor allem der Motivation und der Hinführung zum Thema – und bestimmt nicht das weitere Unterrichtsgeschehen.

Ausgangspunkt: Historische Gegenstände werden ausgehend von der Gegenwart untersucht, weil z. B. die Ursachen eines Konfliktes in der Vergangenheit liegen. Dabei kann die Vorgeschichte unterschiedlich weit in die Geschichte zurückgreifen. Müssen die Probleme der deutschen Wiedervereinigung, zum Beispiel die Angleichung der Lebensverhältnisse in Ost und West, im Kontext der Wiedervereinigung (Einigungsvertrag und Beitritt der DDR zur Bundesrepublik 1990) oder der Zeit der deutschen Teilung untersucht werden? Ein geeignetes Unterrichtsverfahren ist der Längsschnitt, bei dem Themen epochenübergreifend über mehrere Zeiträume untersucht werden (vgl. Kap. 3).

Übertragung: Konflikte der Gegenwart werden mit Konflikten und Lösungen der Vergangenheit in Beziehung gesetzt. Lösungen, Erfahrungen und Erkenntnisse der Vergangenheit werden unter Berücksichtigung der Unterschiede auf heutige Probleme übertragen. Ein geeignetes Unterrichtsverfahren ist der Vergleich (vgl. Kap. 3).

Präsenz: Gemeint sind Auseinandersetzungen und Präsentationen von Geschichte in der Gegenwart. Hierzu zählen in erster Linie historische Bauten, Denkmäler, Straßennamen und Friedhöfe sowie geschichtskulturelle Bezüge wie Gedenktage, Jubiläen und Debatten in Form von Filmen und Büchern, Ausstellungen und Dokumentationen, Festen und Events.

Vor- und Nachteile

Werden im Geschichtsunterricht Gegenwartsbezüge hergestellt, sichert dies nicht nur die Legitimation historischer Themen („Warum müssen wir das eigentlich wissen?"), sondern erhöht bei konkreten Lebensweltbezügen auch die Motivation, sich mit Phänomenen der Vergangenheit zu beschäftigen. Gegenwartsbezüge dienen auch zur Förderung der Urteilskompetenz. Beim Werturteil werden aus heutiger Sicht und mit heutigen Wertmaßstäben historische Vorgänge bewertet (vgl. Kap. 8).

Allerdings ist und bleibt es schwierig, immer einen Gegenwartsbezug herzustellen. Zum einen existiert nicht für jedes

Thema ein gegenwärtiger Bezug und zum anderen sollte man dieses Prinzip auch nicht überstrapazieren.

Beispiele

Arten des Gegenwartsbezuges	Themen	Sekundarstufe	Beispiele
Aufhänger	Kalter Krieg: Koreakrieg	Mittelstufe	Konflikt zwischen den USA und Nordkorea um Atomwaffentests (2017)
	Französische Revolution: Jakobinerherrschaft	Oberstufe	Diskussion über die Benennung eines Platzes bzw. einer Straße in Paris nach Robespierre (2011/2016)
Übertragung	Weimarer Republik	Mittelstufe	Weltwirtschaftskrise 1929–1932 und Finanzkrise 2008/09
	Antikes Griechenland	Oberstufe	Die attische Demokratie – Vorbild für moderne Demokratien?
Ausgangspunkt	Bildungspolitik in der Frühen Neuzeit	Mittelstufe	300 Jahre Schulpflicht 2017
	Nahost-Konflikt	Mittel- und Oberstufe	Anerkennung Jerusalems als Hauptstadt Israels durch die USA (2017)
Präsenz	Weimarer Republik	Mittel- und Oberstufe	100 Jahre Novemberrevolution 2018
	Antikes Griechenland	Oberstufe	Frank Millers Film „300“ (2006)

3.4 Handlungsorientierung

Kennzeichen

Einige Lehrer schwören auf handlungsorientierten Unterricht, weil das Fach Geschichte zu text- und damit zu kopflastig sei. Andere lehnen ihn ab als „Spielerei", die sich mit ihrem Anspruch an Geschichtsunterricht nicht vereinbaren lasse und zu viel Zeit koste. Dabei muss Handlungsorientierung nicht als Gegensatz zum traditionellen Geschichtsunterricht gesehen werden, sondern als Ergänzung: Denken und Handeln werden miteinander verknüpft. Das Prinzip der Handlungsorientierung soll Schülern einen handelnden Umgang mit historischen Gegenständen ermöglichen. Und lässt sich am ehesten im Projektunterricht verwirklichen. Durch das selbständige und praktische Tun, das möglichst alle Sinne berücksichtigt („Lernen mit Kopf, Herz, Hand und Fuß", Pestalozzi), gewinnen die Schüler historische Erkenntnisse. Lernen wird so als aktiver Prozess verstanden.

Formen

Für den Geschichtsunterricht lassen sich drei Arten von handlungsorientierten Geschichtsunterricht unterscheiden:
Recherche: Die Lernenden führen Erkundungen durch oder befragen Zeitzeugen, recherchieren und forschen in Archiven oder Museen.

Simulation: Die Lernenden vollziehen mittels Rollen- und Simulationsspielen historische Konfliktsituationen nach und suchen nach zeitangemessenen Lösungen.

Produktion: Die Lernenden erstellen bzw. gestalten ein Produkt, womit nicht nur Plakate, Wandzeitungen, Ausstellungen oder Modelle gemeint sein können, sondern unter Berücksichtigung neuer Medien auch eine Website oder ein Podcast.

Vor- und Nachteile

Die Vorteile liegen auf der Hand: Gefördert wird die Schüleraktivität der Schüler und ihr selbständige Lernen. Handlungsorientierung erhebt den Anspruch, ganzheitliches Lernen zu ermöglichen.

Handlungsorientierter Unterricht braucht Zeit. Und bedeutet für die Lehrkraft – ungeachtet der Selbständigkeit der Lernenden – einen hohen Vorbereitungsaufwand. Ungeachtet der schon erwähnten Auffassung, handlungsorientierter Geschichtsunterricht bedeute Spiel und Spaß, wird häufig zu Recht kritisiert, dass häufig nicht klar sei, welche Erkenntnisse die Schüler am Ende gewonnen hätten. Aus diesen Aspekten ergibt sich die zwangsläufige Frage, ob der Aufwand für den handlungsorientierten Unterricht in einem angemessenen Verhältnis zum Erkenntnisgewinn steht. Problematisch gestaltet sich auch die Leistungsmessung.

Beispiele

Arten von Handlungs-orientierung	Themen	Sekundar-stufe	Beispiele
Recherche	Römisches Reich	Mittel- und Oberstufe	Workshop: Lateinische Inschriften – Kurz-nachrichten aus der Römerzeit Römisch-Germanisches Museum Köln
Simulation	Französische Revolution	Mittel- und Oberstufe	Prozess gegen Ludwig XVI. im französischen Nationalkonvent 1792/93
Produktion	Erster Welt-krieg	Mittelstufe	Ursachen für den Kriegsbeginn am 1. August 1914 Schaubild (Plakat) zur Julikrise 1914

4. Unterrichtsplanung

4.1 Vom Rahmenlehrplan zur Unterrichtssequenz

Institutionelle Vorgaben

Eine schlüssige Planung ist ein wesentlicher Garant für erfolgreichen Unterricht. Denn strukturierter Unterricht macht den Prozess des Lernens auch für die Schüler sichtbar. Berufsanfängern verschafft die Planung Sicherheit für das eigene Lehrerverhalten. Und Profis bietet sie die Möglichkeit, eigene Handlungsmuster zu hinterfragen und sich neuen Ideen zu öffnen.

Grundlage für die Planung ist der Rahmenlehrplan für das entsprechende Bundesland und für die jeweilige Schulform. Er gibt ausdrücklich „nur" den Rahmen vor. Grundlage für die Planung sind die im Lehrplan vorgegebenen *Themenfelder* und die anzustrebenden *Kompetenzen*. Relevant sind zudem die schulinternen Curricula, die Transparenz und Vergleichbarkeit innerhalb des Fachbereiches an einer Schule schaffen. Für die Oberstufe sind darüber hinaus die wechselnden Abiturvorgaben zu beachten.

Neben diesen administrativen Vorgaben sollten in der Unterrichtsplanung auch der Kompetenzstand, das Vorwissen sowie die Interessen der Lerngruppe berücksichtigt werden.

Der klassische Dreischritt

Um den Lernprozess effektiv und transparent zu planen, bedarf es einer Struktur. Zu diesem Zweck wurden in der Didaktik idealtypische Verlaufsmodelle entwickelt, die in der Praxis modifiziert werden können. Für eine Geschichtsstunde hat sich der klassische Dreischritt durchgesetzt: *Einstieg – Erarbeitung – Ergebnissicherung*.

Die Lehrenden machen jedoch immer wieder die Erfahrung, dass aufgrund veränderter schulischer Rahmenbedingungen und heterogener Lerngruppen eine 45-Minuten-Stunde für diesen

Dreischritt nicht mehr ausreichend ist: Denn der Einstieg soll nicht mehr nur motivieren, sondern dient vor allem der Problematisierung, was Zeit in Anspruch nimmt, wenn man die Themenfrage von den Schülern erarbeiten lässt. Des Weiteren reicht für die Diskussion der Themenfrage häufig eine Erarbeitung als fundierte Grundlage nicht aus. Und die Ergebnissicherung soll ausreichend Zeit für die Diskussion der Lernprodukte sowie eine Progression ermöglichen, der sich im Idealfall die Beantwortung der Themenfrage anschließt. Ungeachtet dessen wurde in vielen Schulen bereits das Doppelstundenprinzip eingeführt.

Sequenzen statt Einzelstunden

Es ist daher sinnvoll, sich aus dem Korsett zu lösen, den Unterricht (im Rahmen einer Unterrichtseinheit) in Einzelstunden zu planen. Geeigneter sind *Unterrichtssequenzen,* die sich über eine Doppelstunde oder mehrere Unterrichtsstunden erstrecken und mehr als eine Erarbeitungs- und Sicherungsphase beinhalten können. So folgt eine Einzelstunde zwar dem idealtypischen Dreischritt, am Ende der Stunde muss die Themenfrage aber nicht abschließend diskutiert und beantwortet werden. Darüber hinaus ermöglicht dieses Vorgehen auch eine gezielte Kompetenzschulung. So kann als Schwerpunkt für eine Stunde beispielsweise die Methodenkompetenz oder die Urteils- und Orientierungskompetenz gefördert werden.

Generell erfolgt die Planung auf drei Ebenen: Zunächst wird die *Halbjahresplanung* erstellt, die genügend Spielraum für Anpassungen lassen sollte. Die Halbjahresplanung beinhaltet *Unterrichtseinheiten,* die sich in mehrere *Sequenzen* unterteilen. Im Gegensatz zu einer Unterrichtseinheit sollte für jede Sequenz eine Themenfrage entwickelt werden, die die Auseinandersetzung mit dem historischen Gegenstand bestimmt und in der Regel nach dem *Einstieg* transparent gemacht werden sollte. Die folgenden Phasen der *Erarbeitung* und *Ergebnissicherung* sind dann funktional im Hinblick auf diese Themenfrage zu planen.

Stunden	Planung von Unterrichtseinheiten und -sequenzen
	Halbjahresplanung
12	**Unterrichtseinheit**
4	Unterrichtssequenz
5	Unterrichtssequenz
3	Unterrichtssequenz
18	**Unterrichtseinheit**
2	Unterrichtssequenz
8	Unterrichtssequenz
6	Unterrichtssequenz
2	Unterrichtssequenz
8	**Unterrichtseinheit**
4	Unterrichtssequenz
4	Unterrichtssequenz
	ggf. weitere Unterrichtseinheiten

Beispiel für eine Checkliste zur Halbjahresplanung

Grundlagen	• **schulextern** – Rahmenlehrplan (Sozialkunde, Geschichte, Geschichte Oberstufe, Politikwissenschaft) · Themenfelder (Pflichtthemen) · Wahlbereiche · fächerübergreifende Themenvorgaben · Verknüpfungen (z. B. zwischen den Semestern) · Kompetenzen und Standards – Fachbriefe der Kultusbehörden • **schulintern** – Schulcurriculum – Beschlüsse der Fachkonferenz – Lern- und Arbeitstechniken (für Fächer und Schulstufen)
Themen und Kompetenzen	• **Planung von Unterrichtseinheiten und -sequenzen** – Schwerpunkte festlegen und gewichten (didaktische Reduktion: „Mut zur Lücke") • **Kompetenzschwerpunkte festlegen**
Zeit	• **vorgegebene Planung:** – Brutto-/Nettostunden (lt. Kalender) – Schul-Termine (z. B. Wandertage) – Termine für Klausuren (Klausurplan der Schule) • **individuelle Planung:** – Klassenarbeiten bzw. Tests festlegen – „Wiederholungs"-Stunden berücksichtigen – Exkursionen festlegen und anmelden – Zeit für aktuelle (politische) Themen berücksichtigen – „Puffer"-Stunden einplanen (z. B. bei Krankheit)

Planung einer Unterrichtssequenz

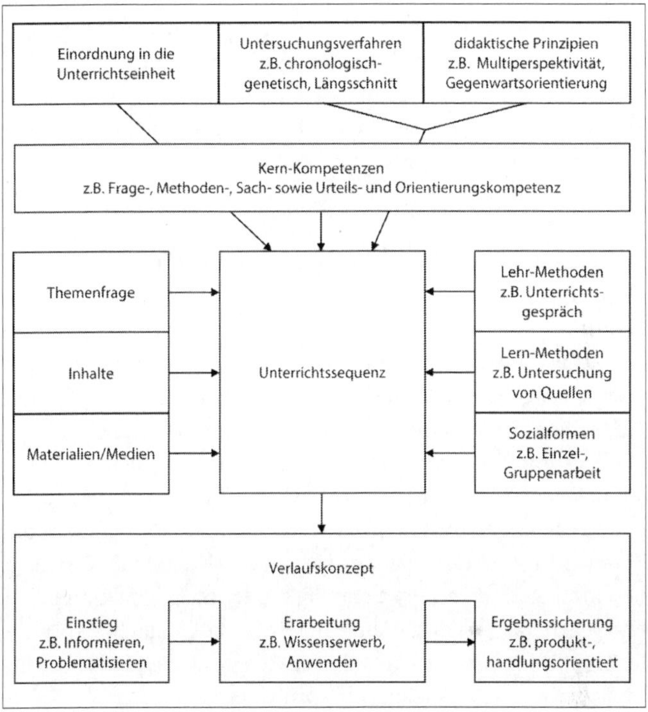

4.2 Einstieg

Kennzeichen

Der Einstieg eröffnet den Unterricht und bildet die erste der drei relevanten Phasen einer idealtypischen Unterrichtssequenz. Mit ihm steht und fällt der weitere Unterrichtsverlauf. Seitdem er sich in der Didaktik auch als eigenständiger Stundenabschnitt durchgesetzt hat, wurde ihm eine Fülle von Funktionen zugeschrieben, die die Lehrkraft leicht überfordern kann: Er soll das Interesse der Schüler wecken und sie für das weitere Unterrichtsgeschehen motivieren. Er soll eine Brücke zwischen bereits Gelerntem und neuem Stoff schlagen. Er soll das Thema problematisieren. Er soll über den Stundenverlauf informieren. Und er soll eine entspannte Arbeitsatmosphäre schaffen, indem die Schüler ggf. beruhigt und eingestimmt werden. Ungeachtet dessen soll den Lernenden am Ende des Einstiegs deutlich geworden sein, welches Thema bzw. welche Themenfrage die Unterrichtssequenz bestimmen wird.

Formen

Es sollte daher überlegt werden, welche Funktion der Einstieg besitzen soll. Hierbei lassen sich folgende Formen unterscheiden:

Informierend: Der Lehrer informiert die Schüler über die Themenfrage und den Verlauf der Stunde und stellt so Transparenz her. Diese Form ist nicht nur für die Oberstufe geeignet.

Problematisierend: Diese Form des Einstiegs dient der Problematisierung des Themas. Der Lehrer erarbeitet mittels geeigneter Materialien und Impulse zusammen mit den Schülern die Themenfrage. Hierfür lässt er sie beispielsweise eine Karikatur beschreiben und interpretieren lässt oder zwei kontroverse Zitate gegenüberstellen. Zusätzlich besteht die Möglichkeit, Schüler Hypothesen aufstellen zu lassen, die im Rahmen der Ergebnissicherung (Progression) überprüft werden.

Aktualitätsbezogen: Die Schüler werden mit einem aktuellen Thema oder einem aktuellen Fall konfrontiert, der einen Bezug zur Stundenthematik aufweist (vgl. Gegenwartsorientierung, Kap. 3.3).

Spielerisch: Wählt man diese Form, lassen sich verschiedene handlungsorientierte Methoden anwenden. Der Unterricht kann beispielsweise mit einem Rätsel, mit einer Phantasiereise oder mit einem Mystery beginnen. Er ist vorrangig für die Sekundarstufe I geeignet.

Wiederholend: Bei dieser Form wird der Unterrichtsstoff der letzten Stunde(n) wiederholt oder die Hausaufgabe kontrolliert, die einer Vertiefung bzw. Anwendung diente.

4.3 Erarbeitung

Kennzeichen

Steht am Ende des Einstiegs die Themenfrage fest, folgt die Erarbeitung. Obwohl diese Phase zeitlich den Großteil des Geschichtsunterrichts in Anspruch nimmt, wird sie in den meisten Didaktiken stiefmütterlich behandelt. Dabei sind die Erarbeitungsphasen die entscheidende Voraussetzung für eine erfolgreiche Kompetenzförderung. In den Erarbeitungsphasen setzen sich die Schüler anhand von Materialien in Einzel-, Partner- oder Gruppenarbeit mit dem historischen Gegenstand auseinander. Im Idealfall entwickeln sie ein Lernprodukt. Die Ergebnisse werden im Anschluss gesichert, indem sie protokolliert bzw. präsentiert werden.

Die in den Erarbeitungsphasen gewählten Sozialformen und Methoden werden bestimmt von den didaktischen Prinzipien (vgl. Kap. 3) und Untersuchungsverfahren (vgl. Kap. 4). Entscheidet man sich beispielsweise für das Prinzip der Multiperspektivität kommen in der Erarbeitungsphase mindestens zwei Quellen zum Einsatz.

Neben der – für die Lerngruppe – angemessenen Auswahl der Materialien hinsichtlich des Umfangs und des Schwierigkeitsgrades ist die Formulierung der Arbeitsaufträge und die Verwendung der entsprechenden Operatoren von entscheidender Bedeutung. In einer Unterrichtssequenz können mehrere Erarbeitungsphasen geplant werden. Die Klammer bildet die Themenfrage, die am Ende der Sequenz aufgegriffen und diskutiert wird.

Formen

Wissenserwerb: Die Form dient dem Erwerb von historischem Grundwissen, zum Beispiel mittels eines Schulbuchtextes, eines Lehrervortrages, eines Erklärvideos oder auch einer aussagekräftigen Quelle. Die erworbenen Kenntnisse legen die Grundlage für alle weiteren Unterrichtsschritte. Ohne Grundwissen lässt sich ein historischer Gegenstand nicht angemessen beurteilen.

Anwenden: Die Schüler wenden ihr historisches Wissen an, indem sie beispielsweise verschiedene zeitgenössische Perspektiven auf ein Ereignis, Prozess oder eine Person untersuchen – oder selbständig eine Sichtweise einnehmen (vgl. Handlungsorientierung, Kap. 3.4).

Vertiefen: Diese Form der Erarbeitung ermöglicht die Auseinandersetzung mit einem speziellen Aspekt des Unterrichtsgegenstandes. Möglich sind auch verschiedene Aspekte, die arbeitsteilig erarbeitet werden können.

Transfer: Historisches Wissen über einen konkreten Gegenstand oder Zusammenhang wird im Transfer auf ähnliche Phänomene angewendet, indem es generalisiert wird. Diese Form der Erarbeitung bietet sich vor allem bei der Fallanalyse an (vgl. Kap. 2.5).

Urteilen: Die Schüler fällen in dieser Phase der Erarbeitung ein Urteil. Unterschieden wird zwischen Sach- und Werturteil (vgl. Kap. 7.1). Für die unterrichtsmethodische Umsetzung steht eine Reihe von Möglichkeiten zur Verfügung: Von der schriftlichen Formulierung eines Urteils in Einzelarbeit bis zur Vorbereitung einer Pro-Contra-Debatte (vgl. Kap. 5.3) in Gruppenarbeit.

4.4 Ergebnissicherung

Kennzeichen

Die Ergebnissicherung bildet die dritte Hauptphase des Unterrichts und erfolgt im Anschluss an die Erarbeitung. Sie dient der Dokumentation, Präsentation und Diskussion der Lernprodukte, um am Ende (der Sequenz) die Themenfrage zu diskutieren. Die Ergebnisse können durch verschiedene Methoden präsentiert und besprochen werden. Die Herausforderung für den Lehrer besteht in seiner Zurückhaltung. Denn Ziel sollte es sein, dass die Schüler ihre Lernprodukte weitgehend selbständig vorstellen und diskutieren. Wurde in der Erarbeitungsphase arbeitsteilig vorgegangen, können nun auch die Ergebnisse arbeitsteilig präsentiert werden, um möglichst viele Schüler in der Ergebnissicherung zu aktivieren. Der Lehrer übernimmt die Rolle des Moderators, der mit gezielten Impulsen die Interaktion der Schüler initiiert. Erfolgt die Sicherung im Plenum, erhalten die anderen Schüler einen Hörauftrag, der in der Regel Ergänzungen und Korrekturen ermöglichen soll.

Im Rahmen einer Progression ließen sich die Lernprodukte für eine zweite Erarbeitungsphase beispielsweise gewichten oder verallgemeinern. Wurden im Einstieg Hypothesen aufgestellt, können diese nun verifiziert werden.

Formen

Lehrern und Schülern steht ein Repertoire von Lernprodukten zur Verfügung, die in der Literatur häufig noch als „Mittel" bezeichnet werden. Sie können je nach Aufgabenart und Anforderungsbereich im Unterricht oder zu Hause erarbeitet werden. Lernprodukte lassen sich hinsichtlich ihrer Formen weiter differenzieren: So kann man zwischen *produktorientierten*, z. B. Tabelle, Schaubild, Tagebuch, Zeitungsartikel, Lückentext, und *handlungsorientierten Lernprodukten*, z. B. Pro-Contra-Debatte, Talkshow, Planspiel, Fishbowl, unterscheiden.

Lernprodukte lassen sich darüber hinaus – auch nicht immer eindeutig – in primäre und sekundäre Lernprodukte unterteilen: *Primäre Lernprodukte* wie Tafelbild, Folie, vorstrukturiertes Arbeitsblatt, Schaubild, Protokoll sind das Ergebnis der ersten Erarbeitungsphase. Und *sekundäre Lernprodukte* wie historischer Tagebucheintrag, Essay, Modell, Ausstellung, Rollenspiel, das Ergebnis einer zweiten Erarbeitungsphase (Anwendung, Vertiefung, Transfer, Urteil); das primäre Lernprodukt kann hierbei als Grundlage bzw. Ausgangspunkt dienen.

Bei der Erstellung von Lernprodukten sollten den Schülern möglichst binnendifferenzierte Aufgabenstellungen zur Verfügung gestellt werden (vgl. Kap. 8).

Beispiel für die Sekundarstufe II

	Vorgaben
Rahmenlehrplan (Beispiel Berlin)	Geschichte, Sek. II, gymnasiale Oberstufe
Themenfeld und Inhalte:	Die bipolare Welt nach 1945 Ereignis und Struktur am Beispiel der doppelten deutschen Geschichte (Vergleich unter ausgewählten Aspekten)
	individuelle Planung
Unterrichtseinheit:	Die doppelte deutsche Geschichte
Unterrichtssequenz:	Die Potsdamer Konferenz – ein Beschluss zur deutschen Teilung?
Unterrichtstunden:	3

Unterrichtsstunde	Unterrichtsphasen	Lehrer- und Schülertätigkeiten	Kompetenzschwerpunkte	Materialien/ Medien
1.	Einstieg	Entwicklung der Themenfrage	Fragekompetenz	Zitat eines Historikers zur Potsdamer Konferenz
	Erarbeitung I *(Informieren)*	Lehrervortrag (Anti-Kriegskonferenzen, Teilnehmer, Zeitraum und Themen der Potsdamer Konferenz) ggf. mittels PowerPoint (z. B. Fotos der „Großen Drei") oder Erklärvideo (youtube)	Sachkompetenz	vorstrukturiertes Arbeitsblatt
	Ergebnissicherung I	Schüler präsentieren ihre Ergebnisse (Unterrichtsgespräch)	Methodenkompetenz	vorstrukturiertes Arbeitsblatt (ausgefüllt)
	Erarbeitung II *(Anwenden)*	Schüler untersuchen eine Quelle (Partnerarbeit)		Quelle (Konferenz-Protokoll von 1945)

Unterrichts-stunde	Unterrichts-phasen	Lehrer- und Schülertätigkeiten	Kompetenz-schwerpunkte	Materialien/ Medien
	Ergebnis-sicherung II	Schüler präsentieren Analyse-Ergebnisse		OHF, Dokumen-tenkamera oder Tafel/Smart-board
2.	Erarbeitung III *(Urteilen)*	Schüler ordnen Be-schlüsse zu – unter Bezug auf die The-menfrage (Welcher Beschluss spricht für bzw. gegen die Teilung?)	Urteils- und Orientierungs-kompetenz	Ergebnis aus Erarbei-tung II
	Ergebnis-sicherung III	Schüler präsentieren Ergebnisse	Methodenkom-petenz	OHF, Dokumen-tenkamera oder Tafel/Smart-board
	Erarbeitung IV *(Anwenden)*	Schüler untersuchen arbeitsteilig zwei Historikertexte (Partnerarbeit)		Darstellun-gen, ggf. vorstruk-turiertes Arbeitsblatt
3.	Ergebnis-sicherung IV:	Schüler präsentieren Ergebnisse		mittels Tafel bzw. White-board
	Erarbeitung V *(Urteilen)*	Sachurteil: Schüler beurteilen mündlich die Historikertexte (Partnerarbeit)	Urteils- und Orientierungs-kompetenz	Kriterien für Sachurteil (vgl. Kap. 7)
	Ergebnis-sicherung V	Schüler diskutieren die Ergebnisse im Plenum (Unter-richtsgespräch)		
	Erarbeitung VI *(Urteilen)*	Werturteil: Schüler verfassen einer kur-zen Rede anlässlich eines Jahrestages (Einzelarbeit)		Kriterien für Werturteil (vgl. Kap. 7)
	Ergebnis-sicherung VI	Schüler tragen ihre Reden vor und diskutieren sie im Hinblick auf die Themenfrage (Un-terrichtsgespräch)		

Beispiel für die Sekundarstufe I

	Vorgaben
Rahmenlehrplan (Beispiel Sachsen-Anhalt)	Geschichte, Sek. I, 7. Klasse
Themenfeld:	Die europäische Entdeckung der Welt
	individuelle Planung
Unterrichtseinheit:	Entdecker und Eroberer
Unterrichtssequenz:	Wem gehört die Neue Welt?
Unterrichtstunden:	2

Unterrichts-stunde	**Unterrichts-phasen**	**Lehrer- und Schülertätigkeiten**	**Kompetenz-schwerpunkte**	**Materailien/ Medien**
1.	Einstieg	Schüler beschreiben und deuten ein Bild; stellen Vermutungen über Konflikte zwischen Europäern und Altamerikanern auf Lehrer stellt die Themenfrage vor	Methodenkompetenz	Bild: Kolumbus Ankunft in Amerika
	Erarbeitung I *(Anwendung)*	Schüler untersuchen je zwei kurze Quellen (Prinzip der Multiperspektivität) anhand eines vorstrukturierten Arbeitsblattes (arbeitsteilige Gruppenarbeit)	Methodenkompetenz	Quellen: de Vitoria, spanischen Könige, Papst)
	Ergebnissicherung I	Schüler präsentieren arbeitsteilig ihre Ergebnisse (*primäres Lernprodukt*)		OHF, Dokumentenkamera oder Tafel/Smartboard

Unterrichtsstunde	**Unterrichtsphasen**	**Lehrer- und Schülertätigkeiten**	**Kompetenzschwerpunkte**	**Materailien/ Medien**
2.	Erarbeitung II *(Urteilen)*	Schüler beurteilen die Positionen durch arbeitsteilige Perspektivübernahme (Zeitgenossen wie König, Seefahrer, Händler, Altamerikaner) in Bezug zur Themenfrage, indem sie eine Stellungnahme verfassen (Einzelarbeit	Urteils- und Orientierungskompetenz	
	Ergebnissicherung II	Schüler präsentieren ihre Stellungnahmen im Plenum *(sekundäres Lernprodukt)*		

5. Lehr-Methoden

Es wird nicht überraschen, dass der Methodenbegriff auch in der Geschichtsdidaktik nicht einheitlich verwendet wird. Er reicht von Fertigkeiten im Umgang mit Medien (Quellen und Darstellungen), über unterrichtsmethodische Strukturierungskonzepte bis hin zu Beherrschung von Lehr- und Lernmethoden sowie Arbeitstechniken. Auch in der Praxis herrscht eher eine begriffliche Unsicherheit. Ungeachtet dessen gibt es kaum empirische Untersuchungen darüber, welche Methoden von Geschichtslehrern im Unterrichtsalltag überhaupt zur Anwendung kommen.

Etymologisch stammt der Begriff aus dem Griechischen (*methodos*) und beschreibt den Weg zu etwas hin, den Weg zu einem bestimmten Ziel. Übertragen auf den Unterricht sind damit Maßnahmen gemeint, die Kompetenzen fördern und zu einem Lernergebnis bzw. Lernprodukt führen und damit letztlich den Lernerfolg sicherstellen. Insofern wird der Methodenbegriff hier für gängige Lehr- und Lernmethoden verwendet, die Lehrer wie Schüler dabei unterstützen, den Lernprozess zu optimieren.

In diesem Kapitel stehen die Lehr-Methoden im Vordergrund, im folgenden die Lern-Methoden. Lehrer setzen *Lehr-Methoden* (auch: Unterrichtsmethoden) ein, um den Lernprozess der Schüler zu organisieren und sie beim Kompetenzerwerb zu unterstützen. Die Lehr-Methoden lassen sich einzelnen Unterrichtsphasen zuordnen (vgl. Kap. 5). Aus praxisrelevanten Gründen wird nur eine Auswahl von Lehr-Methoden für den Geschichtsunterricht vorgestellt.

5.1 Lehrervortrag

Kennzeichen

Mit dem Lehrervortrag zu beginnen, wirkt auf den ersten Blick antiquiert. Aber Referendare berichten von ihren Hospitationen bei Kollegen immer wieder, dass er neben der Schulbucharbeit zu den Lehr-Methoden gehört, die im Geschichtsunterricht am häufigsten zum Einsatz kommen. Dabei galt der Lehrervortrag lange Zeit als methodisch veraltet, weil er lehrerzentriert, gar autoritär und wenig schüleraktivierend sei. Zudem würde nur ein Teil der über den Vortrag transportierten Informationen die Schüler erreichen, weil sie „nur" zuhören. Diese Methode führe zur Passivität der Lernenden. Bewiesen ist das nicht. Ungeachtet dessen ist dem entgegenzuhalten, dass der Lehrer mithilfe des Lehrervortrages die Möglichkeit besitzt, angesichts von permanenter Zeitknappheit im Geschichtsunterricht Themen effektiv zu vermitteln. Und Zuhören bedeutet durchaus Aktivität, wenn die vorgetragenen Inhalte gedanklich nachvollzogen werden.

Der Lehrervortrag vermittelt den Schülern in einer Unterrichtsphase (z.B. Erarbeitung) Kenntnisse zu einem historischen Gegenstand in komprimierter und strukturierter Form sowie mittels geeigneter Materialien (z.B. Bilder, Karten). Er sollte zehn Minuten nicht überschreiten. Für seine Gestaltung gelten die allgemeinen Vortragskriterien: ansprechende und motivierende Vortragsweise (Mimik, Gestik, Sprechtempo, möglichst freies Sprechen). Schließlich hat der Lehrervortrag auch Vorbildfunktion für Schülervorträge.

Die Lernenden erhalten vor Beginn des Lehrervortrages einen Hörauftrag. So können wesentliche Inhalte und Begriffe festgehalten werden, in dem sich die Schüler Notizen machen oder vorgegebene Aspekte in einem vorstrukturierten Arbeitsblatt ergänzen. Die Lehrkraft sollte sich vorher überlegen, ob den Schülern die Möglichkeit eingeräumt wird, während des Vortrages Zwischen- oder Verständnisfragen zu stellen.

Formen

In der Regel wird unterschieden zwischen einem *vorbereiteten Lehrervortrag*, der für eine Unterrichtsphase entworfen und ggf. eingeübt wurde, sowie einem *spontanen Lehrervortrag*, der sich aus der Unterrichtssituation ergibt, z. B. bei Verständnisfragen.

Der Lehrervortrag ist abzugrenzen von der Lehrerinformation in Form einer Überleitung, Wiederholung oder Stundeneröffnung.

Beispiel für die Sekundarstufe I:
Lehrervortrag (Erarbeitung I) innerhalb der Unterrichtssequenz: *Das Ermächtigungsgesetz – Selbstaufgabe der Demokratie?*

Verlauf Phase	Funktion	Inhalt
	Erarbeitung I	
Vorbereitung	• Thema vorstellen • ggf. vorstrukturiertes Arbeitsblatt ausgeben • Arbeitsaufträge erteilen und erläutern	• Ermächtigungsgesetz vom 23. März 1933
Aufhänger	• Interesse wecken	• Beschreibung des fiktiven Arbeitstages eines Journalisten, der an der Reichstagssitzung am 23. März 1933 auf der Zuschauertribüne in der Berliner Krolloper teilnimmt
Hauptteil	• Rückbezug zum vorhergegangenen Unterricht herstellen • Informationen präsentieren	• Rückbezug auf Reichstagswahl am 5. März und Sitzverteilung im Parlament; Verfolgung der Kommunisten und Annullierung ihrer Mandate • Information über Ziel und Inhalt des Ermächtigungsgesetztes
Schlussteil	• Zusammenfassung • Ausblick auf die nächsten Unterrichtsschritte	• wesentlichen Inhalt des Gesetzes zusammenfassen • Hinweis auf die Reden von Hitler und Wels (Erarbeitung II) sowie die Diskussion innerhalb des Zentrums (Erarbeitung III)

Verlauf Phase	Funktion	Inhalt
	Ergebnissicherung I	
Nachbereitung	• Vergleich der Ergebnisse	• Vergleich der Ergebnisse; Schüler ergänzen und korrigieren ggf. ihre Aufzeichnungen

5.2 Unterrichtsgespräch

Kennzeichen

Obwohl das Unterrichtsgespräch für sich in Anspruch nehmen kann, am häufigsten im Unterricht zur Anwendung zu kommen, wird diese Methode in der fachdidaktischen Literatur nur stiefmütterlich behandelt. Dabei bedarf die Auseinandersetzung mit den Themen des Austausches zwischen den Schülern einerseits und dem Lehrer und den Schülern andererseits. Das Unterrichtsgespräch dient dabei nicht nur der Wissensvermittlung oder Wissensabfrage, sondern auch der Besprechung der Lernergebnisse und der Diskussion der Fragestellung. Gerade in der Urteilsbildung kommt es darauf an, Argumente und Gegenargumente auszutauschen, Positionen zu überdenken und die eigene Stellungnahme nachvollziehbar zu begründen.

Die größte Herausforderung für den Lehrer besteht darin, schrittweise von der Leitung des Gesprächs zur Moderation überzugehen. Erforderlich sind dafür eine spürbare Zurückhaltung, indem der eigene Redeanteil gesenkt wird, die Förderung der Interaktion, d.h. eine geschickte Impulstechnik, die offen ist, divergente Diskussionsbeiträge ermöglicht und Schülerantworten mit einbezieht, sowie die Aufforderung an die Schüler, sich aufeinander zu beziehen, Fragen ihrer Mitschüler selbst zu beantworten oder im Rahmen der Ergebnissicherung sich gegenseitig zu korrigieren bzw. zu ergänzen. Notwendig sind zudem klare Gesprächsregeln, an die sich alle halten, auch der Lehrer. Für alle Gesprächsformen gilt, dass der Lehrer das Unterrichtsgespräch zwar steuert, aber nicht dominiert. Und dafür Sorge trägt, dass alle Schüler die Möglichkeit erhalten, gleichberechtigt daran teilzunehmen. Voraussetzung ist eine Beziehungskultur im Klassenzimmer, die von gegenseitigem Respekt gekennzeichnet ist.

Formen

In der Regel werden Unterrichtsgespräche in offen und gelenkt unterteilt, wobei sich die beiden Formen durch das Maß der Lenkung unterscheiden: Während *offene Gesprächsformen* durch eine zurückhaltende Steuerung gekennzeichnet sind, zeichnen sich *gelenkte Gesprächsformen* durch eine starke Steuerung des Gesprächsprozesses aus.

Eine weitere Einteilung orientiert sich an der Funktion des Gesprächs. Die Formen lassen sich so auch jeweils einer Unterrichtsphase zuordnen (vgl. Kap. 4). Ritualisierte Gesprächsformen wie die Pro-Contra-Debatte werden als gesonderte Methode ausgewiesen (vgl. Kap. 5.3).

Ein *Planungsgespräch* kann der Entwicklung einer Themenfrage, dem Aufstellen von Hypothesen, dem Austausch über Vorgehen und Arbeitsweisen sowie der Auswahl von Themen, z. B. bei vorgegebenen Wahlmodulen in den Lehrplänen, und Exkursionszielen dienen. Diese Form ist eine Mischung aus offenem und gelenktem Gespräch. Sie kommt im Einstieg zur Anwendung.

Im *Auswertungsgespräch* werden die Arbeitsergebnisse besprochen, die von den Schülern zuvor möglichst selbst vorgestellt werden. Die Lerngruppe erhält die Möglichkeit, die Ergebnisse zu ergänzen bzw. zu korrigieren und ggf. zu bewerten. Im Rahmen einer Progression können die Ergebnisse beispielsweise gewichtet oder kategorisiert werden. Diese Gesprächsform erfolgt eher gelenkt. Sie ist der Phase der Ergebnissicherung zuzuordnen.

Das *Urteilsgespräch* dient dem Austausch der erarbeiteten Sach- und Werturteile. Die Schüler diskutieren in Bezug auf die Themenfrage ihre Positionen und begründen diese. Und erfahren, dass Geschichte immer Deutungen unterliegt, die auch kontrovers ausfallen können. Das Urteilsgespräch ist eine offene Gesprächsform. Es findet in der Ergebnissicherung statt, wenn dieser eine Erarbeitung, also der Bildung eines Urteils durch die Schüler, vorausgeht.

Ein *Reflexionsgespräch* kann vielfältige Funktionen haben: die Einschätzung des erreichten Kompetenzstandes, die Diskussion über die Eignung einer Themenfrage oder einer Methode, die Reflexion eines Urteilsgespräches oder der Austausch über das weitere Vorgehen. Diese Gesprächsform sollte nicht nur der Sekundarstufe II vorbehalten sein.

Beispiel für Sekundarstufe II

Unterrichtsgespräch (Planungsgespräch): Entwicklung einer Themenfrage

Phase	Geplantes Lehrerverhalten	Erwartetes Schülerverhalten	UF	Medien
Einstieg	• Begrüßung • projiziert OHF nacheinander zwei (kontroverse) Zitate von Historikern über Georg Elser • lässt sie vorlesen • Impuls: *Gebt das Zitat mit eigenen Worten wieder.* • Impuls: *Welche Position vertreten die Historiker?* • Impuls: *Formuliert eine Fragestellung, die sich aus den Positionen ergibt.* • notiert die Themenfrage an der Tafel	• lesen Zitate vor • geben Zitate mit eigenen Worten wieder • fassen die Positionen zusammen • formulieren Problemfrage, z. B.: *Georg Elser – ein Vorbild?*	UG	OHF

5.3 Pro-Contra-Debatte

Kennzeichen

Während die Pro-Contra-Debatte im Politikunterricht einen hohen Stellenwert besitzt, findet sie in der Geschichtsdidaktik erst in den letzten Jahren eine stärkere Beachtung. Ungeachtet dessen besteht eine gewisse Unsicherheit, welchen Stellenwert die Pro-Contra-Debatte besitzt. In der Literatur wird sie nicht immer als eine eigenständige Methode, sondern auch als eine Form des Unterrichtsgespräches aufgefasst.

Die Pro-Contra-Debatte ist eine argumentative Auseinandersetzung zu einer historischen Themenfrage, die in einer inszenierten, regelgeleiteten Konfrontation ausgetragen wird. Die Debatten-Teilnehmer übernehmen eine Rolle und versuchen diese überzeugend zu spielen. Geleitet wird die Debatte von einem Moderator.

Die Pro-Contra-Debatte besitzt einen hohen Motivationsgrad und aktiviert die Schüler zur Selbstständigkeit. Außerdem fördert sie die Urteilskompetenz der Schüler: Die Lernenden werden aufgefordert, gegensätzliche Positionen herauszuarbeiten, zu vertreten und zu begründen, sie vergleichend gegenüberzustellen und durch eine Abstimmung eine Entscheidung herbeizuführen. Darüber hinaus werden Fähigkeiten wie aktives Zuhören, Positionen der Debattenteilnehmer zu kommentieren und mit Gegenargumenten zu entkräften. Die besondere Herausforderung für die Schüler besteht darin, dass die Pro-Contra-Debatte einen Rollen- und Perspektivwechsel verlangt.

Es kann ihnen jedoch schwerfallen, Argumente für eine Position zu finden und in der Debatte zu vertreten, deren Meinung sie nicht sind. Daher besteht die Gefahr, dass die Schüler während der Diskussion von ihren Positionen abweichen oder die Auseinandersetzung unsachlich endet.

Für den Lehrer besteht die Herausforderung in der präzisen Vorbereitung, die einen hohen Zeitaufwand bedeutet: Es müssen kontroverse Materialien herausgesucht und Rollenkarten geschrieben werden.

Beispiel für die Durchführung einer Pro-Contra-Debatte

Ablauf

Phase	Tätigkeiten
Themenfrage	• Erarbeitung oder Vorgabe der Themenfrage • ggf. Abstimmung und Fixierung des Ergebnisses an der Tafel
Vorbereitung	• Verteilung der Rollen: Moderator(en), Debatten-Teilnehmer für die Pro- und die Contra-Seite, Beobachter, Zuhörer • Erarbeitung der Argumentation • Festlegung von Kriterien durch die Beobachter-Gruppen
Durchführung	• Eröffnung der PCD durch den Moderator: Begrüßung des Publikums, Nennung des Themas, Vorstellung der Gäste • Eingangsplädoyer der Pro- und der Contra-Seite: Vorstellung der Position und einer (kurzen) wesentlichen Begründung • Durchführung der Debatte unter Anleitung des Moderators; ggf. Berücksichtigung von Zuhörer-Fragen • Beendigung der PCD durch den Moderator
Auswertung	• Heraustreten aus den Rollen • Vorstellung der Beobachtungen • Diskussion von Verbesserungsvorschlägen für die PCD
Rückbezug auf Themenfrage	• ggf. Durchführung der zweiten Abstimmung durch den und Fixierung des Ergebnisses an der Tafel und Vergleich der Abstimmungsergebnisse • Formulierung eines selbständigen Urteils zur Entscheidungsfrage

Aufgabenverteilung

Rolle	Aufgabe während der PCD	Vorbereitung der PCD
Moderatoren	• Eröffnung der Debatte • Leitung der Debatte • Fragen der Zuhörer berücksichtigen • Beendigung der Debatte	• Texte lesen • Fragen für die Debatte formulieren • Verteilung der Aufgaben
Debattenteilnehmer	• Eingangsplädoyer halten • Diskutieren während der Debatte • ggf. Fragen der Zuschauer beantworten	• Texte lesen • wesentliche Argumente notieren • weitere (eigene) Argumente überlegen • Eingangsplädoyer formulieren
Beobachter	• Kriterien für die Beobachtung vorstellen • arbeitsteilige Beobachtung der Debatte (Moderatoren, Pro-Seite und Contra-Seite • Beobachtungen zu den Kriterien notieren und anschließend vorstellen	• Arbeitsteilung vornehmen: Wer beobachtet wen? • Kriterien für die Beobachtung überlegen und notieren (z.B. Ist die Argumentation sachlich? Ist die Moderation neutral?)
Zuhörer	• Debatte verfolgen • Fragen an die Debattenteilnehmer stellen	• Texte lesen • wesentliche Argumente markieren • 2–3 Fragen notieren

5.4 Stationenlernen

Kennzeichen

Auch das Stationenlernen ist durch eine hohe Schüleraktivierung gekennzeichnet. Die Lernenden bearbeiten zu einem Thema in einer Einzelstunde oder in einer Sequenz verschiedene Lern-Stationen, die logisch aufeinanderfolgend oder in beliebiger Reihenfolge mit unterschiedlichen Materialien und Arbeitsaufträgen im Klassenzimmer vorbereitet sind. Die Lern-Stationen stehen in einem thematischen Zusammenhang, können jedoch unabhängig voneinander und in unterschiedlicher Reihenfolge bearbeitet werden. Die Schüler erhalten die Möglichkeit, die Stationen in einem individuellen Arbeits- bzw. Lerntempo zu durchlaufen. Selbständig halten sie ihre Ergebnisse fest. Um auch das Verantwortungsbewusstsein für den eigenen Lernprozess zu fördern, sind an den Stationen Lösungshinweise oder Kontrollbögen zur Überprüfung der Arbeitsergebnisse hinterlegt. Hinsichtlich einer Binnendifferenzierung kann zwischen Pflicht- und Wahlstationen unterschieden werden. Die Wahlthemen ermöglichen eine interessengeleitete Schwerpunktsetzung der Lernenden. Insofern fördert diese Methode in besonderem Maße soziale und kommunikative Kompetenzen.

Allerdings bedeuten die hohe Eigenaktivität und Selbstverantwortlichkeit der Schüler auch ein Risiko: Lernen an Stationen kann aufgrund mangelnder Vorbereitung und fehlender Anleitung schnell zu Unruhe und Chaos führen. Daher ist ein enormer organisatorischer und zeitlicher Aufwand erforderlich, den viele Lehrer scheuen.

Die Aufgabe der Lehrperson besteht zunächst in der Vorbereitung der Stationen: Sie legt die Teilthemen fest, wählt die Materialien aus, bereitet Laufzettel und Arbeitsblätter vor und formuliert die Arbeitsaufträge, die unterschiedliche Niveaustufen und Arbeitstechniken berücksichtigen sollten. Während des Arbeitsprozesses begleitet und berät sie die Schüler.

Nicht jedes Geschichtsthema taugt für das Stationenlernen. Es muss sich in abgeschlossene Teilthemen untergliedern lassen, die unabhängig und ohne eine bestimmte Reihenfolge bearbeitet werden können. Geeignet sind vor allem alltags- und kulturgeschichtliche Aspekte einer Thematik. Als Untersuchungsverfahren geeignet ist der Querschnitt (vgl. Kap. 2.3).

Es sei noch darauf hingewiesen, dass das Stationenlernen in der Literatur auch zu den Sozial- oder Kooperationsformen gerechnet wird und dass sich in den letzten Jahren verschiedene Bezeichnungen etabliert haben: „Lernwerkstatt", Lernzirkel", „Werkstatt", „Lernstraße" etc.

Beispiel für einen Ablauf

Einstieg (Transparenz)	Stationenlernen vorstellen, Übersichtsblatt und Laufzettel verteilen, Fragen beantworten
Erarbeitung	Bearbeiten der Themen in den einzelnen Stationen
Ergebnissicherung	Überprüfung der Ergebnisse direkt an jeder Station durch die Schüler (anhand eines Lösungsbogens) oder Präsentation der Ergebnisse im Plenum
ggf. Reflexion	Diskussion über die Methode Stationenlernen

Beispiel für in der Sekundarstufe I

Thema: *Lebensformen im Mittelalter*

Pflichtstationen	Wahlstationen
Leben auf dem Dorf	Essen und Trinken
Leben auf der Burg	Krankheit und Tod
Leben im Kloster	Lernen und Lehren
Leben in der Stadt	Arme und Reiche
	Bauen und Wohnen

Beispiel für Sekundarstufe II

Thema: *Politische Systeme europäischer Staaten in der Zwischenkriegszeit (1918–1939)*

Pflichtstationen	Wahlstationen
Frankreich	Großbritannien
Italien	Spanien
Russland/Sowjetunion	Polen

6. Lern-Methoden

Im Unterschied zu Lehr-Methoden (vgl. Kap. 5) erwerben die Schüler mit *Lern-Methoden* die Kompetenz (häufig: Methodenkompetenz), ihren Lernprozess zunehmend selbständig zu organisieren. In der Geschichtsmethodik werden die Lern-Methoden auch als „Arbeitsmethoden“, „Arbeitstechniken“ oder als „Umgang mit Medien“ bezeichnet. In der Unterrichtspraxis ist mit Lern-Methoden konkret die Arbeit mit Quellen und Darstellungen gemeint. Wie erlernen die Schüler die Fähigkeit, selbständig eine schriftliche Quelle zu analysieren, in den historischen Kontext einzuordnen und zu beurteilen. In der Sekundarstufe II müssen die Schüler in den Klausuren und im Abitur genau diese Kompetenz nachweisen.

Die *Unterscheidung von Quellen und Darstellungen* hat sich ungeachtet einer noch mancherorts existierenden terminologischen Verwirrung („Primärquelle, „Sekundärquelle“, Sekundärtext“ etc.) in den letzten Jahren durchgesetzt. In nahezu allen Geschichtslehrplänen findet sich die Anforderung, diese beide Formen unterscheiden zu können. Während *Quellen* als Überlieferungen bezeichnet werden, die Auskünfte über geschichtliche Ereignisse, Abläufe sowie Denk- und Verhaltensweisen geben, sind *Darstellungen* das rückblickende Bemühen, die Vergangenheit zu beschreiben und zu deuten. Weil jede Darstellung für ihre Entstehungszeit selbst zur Quelle wird, lässt sich allerdings nicht immer eine klare Abgrenzung vornehmen.

Die Unterscheidung zwischen Quellen und Darstellungen ist – bundesweit spätestens seit 2008 – auch die Grundlage für die Formulierung von Abituraufgaben in den Einheitlichen Prüfungsanforderungen (EPA) der Kultusministerkonferenz: zum einen die Aufgabenart *Interpretieren von Quellen* und zum anderen die Aufgabenart *Erörtern von Erklärungen historischer Sachverhalte aus Darstellungen.* Der Vollständigkeit halber sei darauf hingewiesen, dass es noch eine dritte Aufgabenart gibt:

Darstellen historischer Sachverhalte in der Form einer historischen Argumentation; hierbei ist es die Aufgabe der Abiturienten, ohne die Vorlage von Medien und „nur" auf der Grundlage von Kenntnissen über Quellen und Darstellungen zur Geschichte eine eigene Narration zu erarbeiten.

6.1 Quellen

Quellengattungen

Quellen, so liest man es überall, bilden die Grundlage unserer historischen Kenntnisse. Doch nicht die Quellen selbst stellen das Wissen dar, vielmehr ermöglicht erst ihre systematische Analyse eine adäquate Rekonstruktion und Deutung von Geschichte. Daher gehört es zu den grundlegenden Kompetenzen im Geschichtsunterricht, Quellen angemessen erschließen und interpretieren zu können. In den meisten Lehrplänen der Bundesländer wird diese Fähigkeit unter *Methodenkompetenz* zusammengefasst.

Zu den Quellen zählen konkrete *Sachzeugnisse* wie Bauwerke, Münzen, Schmuck, Malereien, Skulpturen oder Gebrauchsgegenstände und abstrakte wie Sprache oder historische Landschaften.

Die bedeutsamsten Quellen für die Rekonstruktion von Vergangenheit sind *schriftliche Zeugnisse.* Neben den Darstellungen (vgl. 7.2) dominieren sie auch die Praxis des Geschichtsunterrichts. Seit dem 19. Jh. werden die schriftlichen Quellen von der Geschichtswissenschaft unterteilt in *erzählende Quellen*, die zum Zweck der Überlieferung verfasst wurden, z. B. Chroniken, Geschichtsepen, Mono- und Biografien, sowie in *dokumentarische Quellen*, z. B. Urkunden, Akten, Gesetzestexte und Zeitungen, die gesellschaftliche und private Ereignisse und Prozesse unmittelbar und meist unkommentiert wiedergeben. Folgt man dieser formalen Einteilung, ergeben sich häufig Probleme bei der Zuordnung einer Quelle. So ist beispielsweise die Inschrift an einem römischen Bauwerk eine dokumentarische Quelle. Die Intention ihrer Herstellung kann jedoch neben der Dokumentation ein propagandistisches Ziel gewesen sein.

Bildliche Quellen bieten den Schülern im Vergleich zu den schriftlichen Quellen eine visuelle Vorstellung über die Vergangenheit. Im Unterricht werden sie inzwischen nicht mehr nur ausschließlich zur Illustration von geschichtlichen Abläufen eingesetzt. Denn Bildquellen müssen genauso kritisch analysiert werden wie Textquellen. Sie wurden vom Zeichner, Maler oder Fotografen bzw. deren Auftraggeber mit einer bestimmten Intention erstellt und vermitteln nur einen Ausschnitt der Vergangenheit aus einer bestimmten Perspektive. Zu den Einzelgattungen von Bildquellen, die am häufigsten im Geschichtsunterricht eingesetzt werden, zählen Fotografien, Karikaturen, Plakate und Gemälde.

Quellenarbeit

Generell kommt es bei der Untersuchung von Quellen darauf an, zusätzlich zur Analyse formaler und inhaltlicher Aspekte deren Einordnung in den historischen Kontext vorzunehmen und ihren Aussagegehalt kritisch zu beurteilen. In den Schulbüchern oder speziellen Methodentrainern finden sich heute Raster, die in der Regel den Dreischritt: *Analyse – Einordnung – Urteilen* aufweisen.

Die Arbeit mit Quellen stellt für Schüler eine hohe Anforderung dar: Sie müssen nicht nur die wesentlichen Aussagen erfassen, sondern auch verwendete historische Begriffe kennen und verstehen sowie die Quellenaussagen mit dem historischen Kontext verknüpfen, um zu einer fundierten Beurteilung zu gelangen. Für die Aufbereitung von Quellen, zum Beispiel auf einem Arbeitsblatt, ist es daher erforderlich, die Quelle mit einem ausführlichen, aber nicht wertenden Materialtitel zu versehen, Texte angemessen und funktional im Hinblick auf die Themenfrage zu kürzen sowie Fachbegriffe und Fremdwörter in einer Legende zu erklären.

Beispiel: Kriterien für die Untersuchung einer schriftlichen Quelle

Untersuchungsschritte	Untersuchungsfragen	Kompetenzschwerpunkte
Leitfrage	• Welche Leitfrage bestimmt die Untersuchung?	Fragekompetenz
Analyse	**formale Aspekte:** • Welche Quellengattung liegt vor, z. B. Brief, Rede, Vertrag? • Wann und wo ist der Text entstanden bzw. veröffentlicht worden? • Wer ist der Autor, ggf. Amt, Stellung, Funktion, soziale Schicht? • Was ist das Thema der Quelle? • Wer ist/sind die Adressat/en, z. B. öffentliche oder Privatperson, Institution, Öffentlichkeit, Nachwelt? **inhaltliche Aspekte:** • Was sind die wesentlichen Textaussagen bzw. Argumente, z. B. anhand der einzelnen Textabschnitte bzw. der Argumentationsstruktur? • Welche Erläuterungen der wesentlichen Aussagen lassen sich vornehmen, z. B. Erläuterung von Fachbegriffen, Personen, Ereignissen oder ggf. Prozessen? • Welche Textsprache verwendet der Autor, z. B. sachlich, informativ, polemisch, emotional, manipulierend, appellativ? Verwendet er ggf. rhetorische Mittel, z. B. Metapher, Ironie, Antithesen, Anapher, rhetorische Frage?	Methodenkompetenz
ggf. Vergleich von (zwei) Quellen	• Welche Vergleichsaspekte sind geeignet? • Welche Gemeinsamkeiten und Unterschieden lassen sich herausarbeiten?	Methodenkompetenz
Historischer Kontext	• In welchen historischen Zusammenhang (Ereignis, Epoche, Prozess bzw. Konflikt) lässt sich die Quelle einordnen?	Sachkompetenz
Urteilen	• Welche Position vertritt der Autor die Themenfrage? • Ist die Position überzeugend? • Wird die Position begründet und ist die Begründung nachvollziehbar? • Ist die Argumentation einseitig oder differenziert? • Entsprechen die Aussagen den historischen Tatsachen? • Welche Interessen werden verfolgt? Wie versucht der Autor sein Ziel bei den Adressaten zu erreichen? • ggf. Welche historischen Wert- und Moralvorstellungen dienen als Grundlage? • Welche Handlungsalternativen gab es für die historische Person? Befand sich die Person eventuell in einer Zwangslage? • Wie lässt sich die Quelle im Hinblick auf die Leitfrage aus heutiger Sicht beantworten?	Urteils- und Orientierungskompetenz

Kriterien für die Untersuchung einer bildlichen Quelle (Karikatur)

Untersu-chungsschritte	Untersuchungsfragen	Kompetenz-schwerpunkte
Leitfrage	• Welche Leitfrage bestimmt die Untersuchung der Karikatur?	Fragekompetenz
Analyse	**Formale Aspekte:** • Wer ist der Zeichner und/bzw. Auftraggeber? • Wann und wo ist die Karikatur entstanden bzw. veröffentlicht worden? • Gibt es einen Titel und/oder einen Zusatzkommentar? • Was thematisiert die Karikatur? **Beschreibung:** • Welche Gestaltungsmittel (Figurendarstellung wie Mimik, Gestik, Kleidung, Gegenstände, Symbole, Metapher, Personifikationen, Vergleiche Allegorien, Proportionen, Schrift) sind verwendet worden? **Deutung** • Was bedeuten die einzelnen Gestaltungsmittel? • Was ist die zentrale Bildaussage („Botschaft") der Karikatur? • Welche Fragen bleiben bei der Deutung offen	Methoden-kompetenz
Historischer Kontext	• In welchen historischen Zusammenhang (Ereignis, Epoche, Prozess bzw. Konflikt) lässt sich die Karikatur einordnen?	Sachkompetenz
Urteilen	• Welche Intention verfolgte(n) Zeichner und/ bzw. Auftraggeber? • Für wen wird Partei ergriffen? • Welche Wirkung sollte beim zeitgenössischen Betrachter erzielt werden? • Mit welchen anderen bildlichen und textlichen Quellen lässt sich die Karikatur ggf. vergleichen? • Inwieweit gibt die Karikatur den historischen Gegenstand sachlich angemessen wieder? • Welche Schlussfolgerungen lassen sich im Hinblick auf die Leitfrage ziehen? • Wie lässt sich die Karikatur im Hinblick auf die Leitfrage aus heutiger Sicht bewerten?	Urteils- und Orientierungs-kompetenz

6.2 Darstellungen

Darstellungen beschreiben und deuten die Vergangenheit aus der Rückschau und sind neben den Quellen die entscheidenden Medien im Geschichtsunterricht: Statistiken, Verfassungsschaubilder, Geschichtskarten, Spielfilme sowie Schulbuchtexte und Auszüge aus wissenschaftlichen Darstellungen.

Dass sich Quellen und Darstellungen nicht trennscharf abgrenzen lassen, verdeutlichen die *Statistiken.* Genau genommen handelt es sich dabei um eine Mischform aus Quelle und Darstellung: Einerseits stützen sie sich auf sicheres Datenmaterial, z. B. von Behörden oder Umfrageinstituten, andererseits nimmt der Autor der Statistik durch Auswahl und Zusammenstellung der Daten bereits eine Deutung vor. Denn Statistiken sollen häufig nicht nur informieren, sondern auch Thesen belegen und Meinungsbildung steuern. So objektiv Statistiken aufgrund präziser Zahlenangaben also auf den ersten Blick erscheinen, sie sind immer Ausschnitte und Perspektiven von komplexen historischen Sachverhalten.

Verfassungsschaubilder bieten eine Möglichkeit, die häufig umfangreichen und komplizierten Gesetzestexte (Urkundentexte) grafisch und für den Lernenden damit vereinfacht und übersichtlich darzustellen.

Geschichtskarten sind maßstäblich verkleinerte und häufig vereinfachte sowie durch verschiedene Zeichen kodierte Raummodelle, die aus heutiger Sicht historische Sachverhalte in einem meist begrenzten geografischen Raum und zu einer bestimmten Zeit darstellen.

Historische Spielfilme erzählen, personalisieren und dramatisieren Geschichte. Dabei verbreiten sie Geschichtsbilder und tragen auch zur Legendenbildung bei. Obwohl Spielfilme eine hohe Realitätsnähe vermitteln, muss den Schülern verdeutlicht werden, die zum Teil sehr suggestiven Bilder nicht mit der geschichtlichen Wirklichkeit zu verwechseln.

Wissenschaftliche Darstellungen lassen sich grundsätzlich in zwei große Gruppen gliedern: in fachwissenschaftliche und populärwissenschaftliche Darstellungen. Die *fachwissenschaftlichen Texte* wenden sich an ein professionelles Publikum, bei dem Grundkenntnisse des Faches, der Methoden und der Begrifflichkeit vorausgesetzt werden können. Zu den relevanten Kennzeichen fachwissenschaftlicher Darstellungen gehört, dass alle Einzelergebnisse durch Verweise auf Quellen oder andere wissenschaftliche Untersuchungen belegt werden. *Populärwissenschaftliche Texte*, die sich an ein breiteres Publikum wenden, verzichten dagegen auf detailliert belegte Erkenntnisse historischer Befunde und Interpretationen. In erster Linie geht es darum, komplexe historische Zusammenhänge anschaulich und vereinfacht zu präsentieren. Zu dieser Gruppe gehören werden beispielsweise publizistische Texte und historische Essays in Zeitungen und Online-Magazinen. Wissenschaftliche Darstellungen dienen in den letzten Jahren verstärkt der Förderung der Urteilskompetenz und finden sich inzwischen nicht nur in den Geschichtsschulbüchern der Sekundarstufe II.

Wie beim Umgang mit Quellen, kommt es auch bei der Untersuchung von Darstellungen auf eine sachgerechte Analyse und Beurteilung an.

Beispiel: Kriterien für die Untersuchung einer schriftlichen Darstellung

Untersuchungs-schritte	Untersuchungsfragen	Kompetenz-schwerpunkte
Leitfrage	• Welche Leitfrage bestimmt die Untersuchung?	Fragekompetenz
Analyse	**formale Aspekte:** • Welche Textart liegt vor, z. B. z. B. wissenschaftliche Darstellung, Zeitungsartikel, Essay? • Wann und wo ist der Text veröffentlicht worden? • Wer ist der Autor, ggf. Lebensdaten, Forschungsschwerpunkte? • Was ist das Thema der Darstellung? • Wer ist/sind die Adressat/en, z. B. Studenten, Leser, öffentliche oder Privatperson, Institution, Öffentlichkeit, Nachwelt? **inhaltliche Aspekte:** • Was sind die wesentlichen Thesen und Argumente, z. B. anhand der einzelnen Textabschnitte bzw. der Argumentationsstruktur? • Welche Erläuterungen der wesentlichen Aussagen lassen sich vornehmen, z. B. Erläuterung von Fachbegriffen, Personen, Ereignissen oder ggf. Prozessen?	Methoden-kompetenz

Untersuchungs-schritte	Untersuchungsfragen	Kompetenz-schwerpunkte
ggf. Vergleich von (zwei) Darstellungen	• Welche Vergleichsaspekte sind geeignet? • Welche Gemeinsamkeiten und Unterschieden lassen sich herausarbeiten?	Methoden-kompetenz
Historischer Kontext	• In welchen historischen Zusammenhang (Ereignis, Epoche, Prozess bzw. Konflikt) lässt sich die Quelle einordnen?	Sachkompetenz
Urteilen	• Wie beantwortet der Autor die Themenfrage? • Ist die Position überzeugend? • Ist die Argumentation einseitig oder differenziert? • Formuliert der Autor unterschiedliche Argumente und wägt er sie ab? • Ist der Text logisch aufgebaut? Gibt es z. B. Widersprüche? • Inwiefern werden historische Fakten und Prozesse berücksichtigt? Werden Informationen nicht thematisiert? • Wie lässt sich die Quelle im Hinblick auf die Leitfrage aus heutiger Sicht beantworten?	Urteils- und Orientierungs-kompetenz

Beispiel: Kriterien für die Untersuchung eines Spielfilms

Untersuchungs-schritte	Untersuchungsfragen	Kompetenz-schwerpunkte
Leitfrage	• Welche Leitfrage bestimmt die Untersuchung des Spielfilms?	Fragekompetenz
Analyse	**formale Aspekte:** • Wer sind Regisseur, Drehbuchautor und Auftraggeber? • Welches Land bzw. welche Länder haben den Film produziert? • Wie lang ist der Film? • Wann ist der Film entstanden und aufgeführt worden? • Aus welchem Anlass wurde der Film gedreht (z. B. Jubiläum eines historischen Ereignisses)? **Inhaltliche Aspekte: Filminhalt** • Mit welchem historischen Thema (z. B. Person) setzt sich der Film auseinander? • Wie lässt sich die Handlung kurz zusammenfassen? • Wer sind die Hauptfiguren und in welcher Beziehung stehen sie zueinander?	Methoden-kompetenz

Analyse	**Filmische Mittel:** • Welche szenischen Gestaltungsmittel (Großaufnahmen, Kameraposition und -bewegungen, Steuerung der Blickrichtung des Zuschauers, Schnitte, Verhältnis von kurzen und langen Einstellungen) sind verwendet worden? • Wie werden Ton (Geräusche, Musik, Sprache und Dialoge, Kommentare) und Beleuchtung (Hell-Dunkel bzw. Farbkontraste) eingesetzt? • Nimmt der Film die Perspektive der Hauptfigur ein oder werden auch andere Sichtweisen dargestellt?	Methodenkompetenz
Historischer Kontext	Auf welchen historischen Sachverhalt (Epoche, Ereignis, Person, bzw. Konflikt) bezieht sich das Thema des Films?	Sachkompetenz
Urteilen	• Welche Intentionen verfolgt der Film? • Wie wirkt der Film auf den Betrachter? • ggf. Welche Reaktionen – z. B. Kritiken – rief der Film nach der Uraufführung in der Öffentlichkeit hervor? • Welche gesellschaftlichen Anschauungen, Normen und Werte spiegelt der Film aus der Zeit wider, in der er entstanden ist? • Ist die Handlung logisch und glaubhaft? • Halten sich Regisseur und/bzw. Autor an die historische Realität? Welche Änderungen wurden vorgenommen? Gibt es fiktive Szenen? • Wie lässt sich der Film aus heutiger Sicht bewerten? (z. B. Verfassen einer eigenen Filmkritik)	Urteils- und Orientierungskompetenz

7. Urteilen

7.1 Prozess der Urteilsbildung

Ebenen der Urteilsbildung

Zu den wichtigsten fachspezifischen Kompetenzen im Geschichtsunterricht gehört die Urteilsbildung. In nahezu jeder Geschichtsstunde wird von den Schülern verlangt, historische Ereignisse, Epoche, Prozesse oder Konflikte zu beurteilen: eine Herausforderung – nicht nur für Schüler. Was heißt „urteilen" jedoch konkret und wie gelangt man zu einem qualifizierten Urteil?

Urteilen bedeutet die Fähigkeit, eine eigenständige, rational begründete und nachvollziehbare Stellungnahme zu einer Fragestellung zu formulieren. Kriterien eines gelungenen Urteils sind sachliche Angemessenheit, logische Gedankenführung und differenzierte Argumentation.

Um einen historischen Gegenstand angemessen beurteilen zu können, ist es sinnvoll, ihn aus mindestens zwei unterschiedlichen Sichtweisen (Perspektiven) zu untersuchen: aus der Perspektive historischer Zeitgenossen (Prinzip der Multiperspektivität, vgl. Kap. 2) und bzw. oder aus der Perspektive von Nachgeborenen, z. B. Historikern (Prinzip der Kontroversität, vgl. Kap. 2).

Auf einer dritten Ebene erfolgt im Rahmen des Unterrichts, z. B. in der Gruppe oder im Plenum, anhand mündlicher Äußerungen oder schriftlicher Produkte der Schüler die Auseinandersetzung mit den Wahrnehmungen der Zeitgenossen und den Deutungen der Nachgeborenen (Prinzip der Pluralität). Dies ist die Grundlage für eine selbstständige Stellungnahme zum historischen Gegenstand.

Bei der Urteilsbildung wird zwischen Sach- und Werturteil unterschieden: Während das Sachurteil ein Urteil auf der Ebene des historischen Gegenstandes ist, werden bei einem Werturteil gegenwärtige gesellschaftliche Normen auf historische Sachverhalte bezogen und eigene Wertmaßstäbe reflektiert.

Organisation der Urteilsbildung

Der folgende Vorschlag zeigt einen idealtypischen Prozess der Urteilsbildung, der auch variiert werden kann. So lässt sich eine Stellungnahme auf der Basis von Quellen oder von Darstellungen – oder von beiden formulieren. Das Modell vereint die eingangs vorgestellten Kern-Kompetenzen des Geschichtsunterrichts (vgl. Kap. 1).

Zunächst erfordert die Fähigkeit, ein Urteil zu bilden, eine Themenfrage, die im Idealfall von den Schülern im Einstieg entwickelt wird (Fragekompetenz), Kenntnisse über den zu untersuchenden historischen Sachverhalt (Sachkompetenz) sowie methodische Verfahren, sich solche Kenntnisse anzueignen, diese mit vorhandenem Wissen zu vernetzen und auf neue Zusammenhänge anzuwenden (Methodenkompetenz). Mit methodischen Verfahren ist in erster Linie der Vergleich von Quellen und Darstellungen anhand von Vergleichsaspekten gemeint.

Der Prozess der Urteilsbildung verläuft in mehreren Phasen, die sich den Kernkompetenzen zuordnen lassen.

- *Entwicklung einer Leitfrage:* Für die Untersuchung des historischen Gegenstandes wird eine Fragestellung entwickelt, die am Ende diskutiert werden soll.
- *Erwerb von Kenntnissen:* Als Voraussetzung ist die Beschaffung von Informationen (Grundwissen) über den historischen Gegenstand notwendig.
- *Auseinandersetzung aus verschiedenen Sichtweisen (Perspektiven):* Analysiert werden mindestens zwei Quellen (Multiperspektivität) und bzw. oder mindestens zwei Darstellungen (Kontroversität) anhand geeigneter Vergleichsaspekte.
- *Formulierung eines Sachurteils:* Hierbei erfolgt die Urteilsbildung auf der Ebene des historischen Gegenstands.
- *Formulierung eines Werturteils:* Abschließend erfolgt die Urteilsbildung auf der Grundlage gegenwärtiger gesellschaftlicher und subjektiver Normen und Werte.

7.2 Praxiserprobtes Urteilsmodell

Praxiserprobtes Urteilsmodell

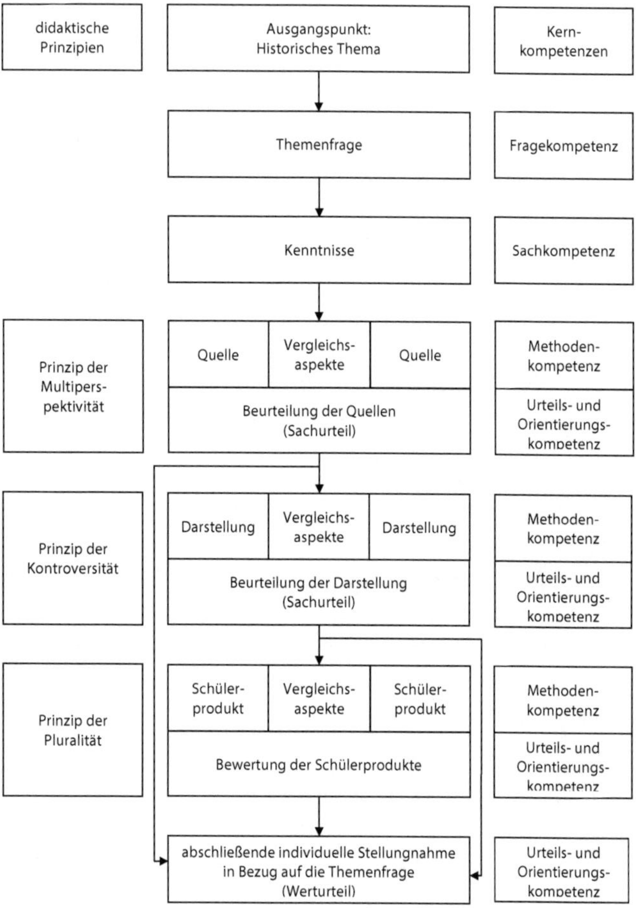

Beispiel für die Sekundarstufe II

Thema: *Der Vietnamkrieg*

Prozess der Urteilsbildung	Vorgehen im Unterricht	Kompetenz-schwerpunkte
Entwicklung einer Themenfrage	Ausgangspunkt für die Entwicklung einer Fragestellung sind Zitate des US-Präsidenten Johnson (1965) und des Präsidenten Nordvietnams Ho Chi Minh (1967); mögliche Frage: *Die USA im Vietnamkrieg – Helfer oder Aggressor?*	Frage-kompetenz
Erwerb von Kenntnissen	Erarbeitung des historischen Kontextes auf der Grundlage einer Überblicksdarstellung und einer Geschichtskarte zum Vietnamkrieg	Sachkompetenz
Auseinander-setzung aus verschiedenen Sichtweisen (Perspektiven)	Analyse und Vergleich von zwei Quellen (Multiperspektivität) anhand geeigneter Vergleichsaspekte • Rede des US-Präsidenten Johnson (1965) • Schreiben des Präsidenten von Nordvietnam Ho Chi Minh an US-Präsidenten Johnson (1967) Analyse und Vergleich von zwei Darstellungen anhand geeigneter Vergleichsaspekte (Kontroversität): • Auszug aus dem Buch des ehemaligen Verteidigungsministers McNamara „Vietnam. Das Trauma einer Weltmacht" (1996) • Auszug aus dem Buch des Journalisten Michael Lind: „Vietnam. The Necessary War. A Reinterpretation of America's Most Disastrous Military Conflictvon" (1999) Hinweis zur Variierung: Die Auseinandersetzung kann auch nur multiperspektivisch (Quellen) oder nur kontrovers (Darstellungen) erfolgen.	Methoden-kompetenz
Formulierung eines Sachurteils	Das Sachurteil bezieht sich sowohl auf die Quellen als auch auf die Darstellungen. Kriterien sind die Sichtweise und Überzeugung des Autors (gegenüber der Fragestellung), seine Interessen sowie ggf. seine Handlungsspielräume.	Urteils- und Orientierungs-kompetenz
Formulierung eines Werturteils	Kriterien für ein Werturteil sind die gegenwärtigen gesellschaftlichen und individuellen Normen sowie die Differenzierung und Gewichtung von Argumenten im Hinblick auf die Fragestellung, deren Grundlage auch das Sachurteil sein kann. Im Fazit wird am Ende die Frage beantwortet.	Urteils- und Orientierungs-kompetenz

8. Binnendifferenzierung

8.1 Anspruch und Praxis

Binnendifferenzierung gehört spätestens seit dem ersten PISA-Schock zum Kanon der bildungspolitischen Ziele. Sie wird als *die* Antwort auf die zunehmende Heterogenität im Klassenzimmer gesehen. Die Lerngruppen sind selbst auch am Gymnasium in vielerlei Hinsicht heterogener geworden: Die Lernenden unterscheiden sich hinsichtlich ihrer sozialen und kulturellen Herkunft, ihrer Kompetenzstände, ihrer Lernwege – und tempi sowie ihrer Interessen. Individuelles Fördern der Schüler ist inzwischen fester Bestandteil aller Rahmenlehrpläne und kann in einigen Bundesländern – wenn es dort im Schulgesetz verankert wurde – auch eingeklagt werden.

Ob und wie Binnendifferenzierung in der Praxis umgesetzt wird, darüber existieren nur wenige Erkenntnisse. Dass laut schulexterner und -interner Evaluationen nur selten binnendifferenzierter Unterricht im Alltag stattfindet, hat unterschiedliche Gründe: Es herrscht Unklarheit über die Fragen, was Binnendifferenzierung konkret bedeutet, wie sie im Unterricht realisiert wird und in welchem Maße sie zum Lernerfolg beiträgt. Ungeachtet dessen verhindern im Alltag institutionelle Faktoren wie Stundentakt und räumliche Voraussetzungen, fehlendes Material sowie die Klassengrößen ein individuelles Fördern der Schüler. So ist – bis auf die Referendare, die die verschiedenen Kompetenzstände im Unterrichtsentwurf aufführen müssen, – das Unterrichtskonzept meist auf ein mittleres Lernniveau ausgerichtet.

8.2 Differenzierungsebenen

Kennzeichen

Binnendifferenzierung bedeutet unter Berücksichtigung der Lernausgangslage die individuelle Förderung der Potentiale und Talente der Schüler. Das schließt sowohl die Kompensierung von Lerndefiziten als auch die gezielte Förderung von Begabungen ein. Im Kern geht es darum, jedem Lernenden optimale Lernchancen einzuräumen. Voraussetzung ist die Individualisierung des Lernprozesses. Und zwar nicht nur im Hinblick auf die Erarbeitungsphasen, sondern auch die Ergebnissicherung (vgl. Kap. 4.4) sowie die Leistungsbewertung (vgl. Kap. 9). Hierfür stehen den Lehrenden verschiedene Formen zur Verfügung (s.u.). Entscheidend ist, dass die binnendifferenzierten Möglichkeiten an die Auseinandersetzung mit einem gemeinsamen Thema bzw. einer Themenfrage gebunden sind, zu dessen Gelingen alle Schüler auf unterschiedlichen Wegen beitragen.

Es gibt eine Reihe von „Differenzierungsfallen", auf die in der Literatur immer wieder hingewiesen wird: Bei einer Verkürzung des Differenzierungsgedankens durch eine Einteilung in leistungsstärkere und -schwächere Schüler bestehe die Gefahr, dass sie sich im Leistungsspektrum immer mehr voneinander entfernen. Bedenklich sei auch das Training einzelner Teildefizite, sowohl getrennt vom gemeinsamen Lernen mit anderen als auch getrennt von Inhalten. Außerdem wäre es problematisch, Schülern die freie Entscheidung über die Wahl der Lernzugänge oder Materialien zur Bearbeitung einer Aufgabe zu überlassen. Das führe zur Verfestigung von bestimmten Lernhaltungen und Arbeitsroutinen (Adamski, 2009).

Formen

Es gibt eine Reihe von Möglichkeiten für Binnendifferenzierung im Geschichtsunterricht, wobei es bei den Formen in der Praxis auch zu Überschneidungen kommen kann. Differenzieren lässt sich nach *Methoden*, z.B. Lernen an Stationen und Freiarbeit, nach *Sozialformen*, z.B. Einzel- und Gruppenarbeit, nach *Material*, z.B. Texte und Bilder, nach *Niveaustufen*, z.B. Umfang, Komplexität, nach *Aufgaben*, z.B. Wahl- und Zusatzaufgaben, nach *Lernergebnissen bzw. -produkten*, z.B. Tabelle und Pro-Contra-Debatte, sowie nach *Lernhilfen*, z.B. Strukturierungshilfen und Teillösungen.

Darüber hinaus besteht die Möglichkeit der Differenzierung mithilfe von *Kompetenzrastern.* Sie beschreiben aus der Sicht der Schüler unterschiedliche Stufen der Kompetenzentwicklung, indem sie fachliche, methodische und soziale Bildungsstandards konkretisieren. Kompetenzraster sind somit ein sinnvolles Mittel der Selbsteinschätzung. Entsprechend ihres diagnostizierten Kompetenzstandes können Schüler Aufgaben auswählen und am Ende des Lernprozesses ihren Leistungsstand in den Kompetenzrastern dokumentieren. Kompetenzraster unterstützen auch die Arbeit der Lehrenden bei der Unterrichtsplanung: Sie können den Unterricht vom Ergebnis aus planen, also von den anzustrebenden Kompetenzen.

Beispiel für Differenzierung nach Methoden

Beispiel	Sekundarstufe	Thema	Umsetzung der Differenzierung
Lernen an Stationen	Sek. I	Industrialisierung: Soziale Frage	*a) Antworten der Unternehmer* *b) Antworten der Kirche* *c) Antworten der Arbeiterbewegung* *d) Antworten der Regierung (Bismarck)*

Beispiel für Differenzierung nach Material

Beispiel	Sekundarstufe	Thema	Umsetzung der Differenzierung
Einsatz von textlichen, bildlichen und auditiven Medien (Sek. II)	Sek. II	Ostpolitik: Kniefall Willy Brandts (1970)	Foto Radiobeitrag Zeitungsbericht über den Kniefall von Bundeskanzler Willy Brandts Spiegel-Titel: *Durfte Brandt knien?* (Nr. 51/1970)

Beispiel für Differenzierung nach Niveaustufen

Beispiel	Sekundarstufe	Thema	Umsetzung der Differenzierung
Komplexität	Sek. II	Deutsche Teilung: Die DDR- ein Unrechtsstaat?	a) Material: zwei Leserzuschriften von 2009 (Niveaustufe I) b) zwei Zeitungsbeiträge der Politikwissenschaftlerin Gesine Schwan und der DDR-Bürgerrechtlerin Marianne Birthler von 2009 (Niveaustufe II)

Beispiel für Differenzierung nach Aufgaben

Beispiel	Sekundarstufe	Thema	Umsetzung der Differenzierung
Wahlaufgaben	Sek. I	Deutsche Teilung: Volksaufstand in der DDR am 17. Juni 1953	Zwei Quellen: *Erklärung der SED-Führung vom 26. Juli 1953* (M1) und *Regierungserklärung Adenauers vom 17. Juni 1953* (M2) *Wahlaufgaben:* a) Ordne die folgenden Aussagen über die Ursachen des Volksaufstandes vom 17. Juni 1953 den in M1 und M2 geäußerten Standpunkten korrekt zu. 1. Ursache des Aufstandes war die Unterdrückung freiheitlicher Bestrebungen in der DDR. 2. Die Mehrheit der Arbeiter in der DDR lehnte den Putschversuch vom 17. Juni eindeutig ab. 3. etc. b) Analysiere und vergleiche M1 und M2 im Hinblick auf die Ursachen für den Volksaufstand.

Beispiel für Differenzierung nach Lernergebnissen bzw. -produkten

Beispiel	Sekundar-stufe	Thema	Umsetzung der Differenzierung
unter-schied-liche Lern-produkte	Sek. II	Aufklärung: Kants programma-tische Schrift *Was ist Aufklärung?*	Untersuchen Sie Kants Text „*Was ist Aufklärung?*", indem Sie a) die wesentlichen Aussagen mit eigenen Worten wieder-geben oder b) die Aussageabsicht in einer Karikatur darstellen oder c) ihn in einen Hip-Hop-Text umwandeln.

Beispiel für Differenzierung nach Lernhilfen

Beispiel	Sekundar-stufe	Thema	Umsetzung der Differenzierung
Hilfs-karten	Sek. I	Endphase der Weima-rer Republik (Wahlpla-kate)	Konzeption von Hilfskarten für die Analyse von Wahlplakaten, z. B. Erläuterung einzelner Bild-inhalte oder/und Hintergrund-informationen

Beispiel für Differenzierung mithilfe von Kompetenzrastern
am Beispiel der Methode *Untersuchung einer schriftlichen Quelle* (Sek. I)

Anforderung	Das kann ich.	Das kann ich schon ganz gut, bin aber noch unsicher.	Das kann ich noch nicht.
Ich kann die formalen Aspekte analysieren.			
Ich kann die inhaltlichen Aspekte analysieren, indem ich den Text in Sinnabschnitte einteile und wesentliche Aussagen herausarbeite.			

Ich verwende bei der Analyse den Konjunktiv.			
Ich kann einzelne Aussagen erläutern.			
Ich kann die Textsprache anhand von Beispielen analysieren.			
Ich kann die Quelle mithilfe meiner Kenntnisse in den historischen Kontext einordnen.			
Ich kann ein begründetes Urteil bilden, indem ich im Hinblick auf die Themenfrage Pro- und Contra-Argumente sowie eine abschließende Stellungnahme formuliere.			

9. Leistungsbewertung

9.1 Wandel der Anforderungen

Die Leistungsbewertung ist eine der kompliziertesten und verantwortungsvollsten Aufgaben des Lehrers. Und sie ist höchst umstritten, weil gerade die Notengebung – ungeachtet aller Transparenz – immer auch ein Stück weit subjektiv bleiben wird. Andererseits stellt die Leistungsbewertung ein wichtiges Messinstrument zur Einschätzung des Lernprozesses bzw. des -ergebnisses dar – für die Lernenden wie für die Lehrenden. Während Schüler und ihre Eltern über den erreichten Leistungsstand informiert werden, erhält der Lehrer eine Rückmeldung über den Erfolg seines Unterrichtskonzeptes.

Die Leistungsbewertung im Geschichtsunterricht hat sich in den letzten Jahren gewandelt. Stand früher eher Grundwissen im Mittelpunkt, kommen heute zunehmend komplexere Fragestellungen zum Einsatz, die dem Anspruch Rechnung tragen, dass historische Lernen mehr als eine Sammlung von Daten und Fakten ist, sondern die Ausbildung eines Geschichtsbewusstseins. Die Auseinandersetzung mit der Vergangenheit ist dabei von der Erkenntnis bestimmt, dass es nicht *die* Geschichte gibt, sondern konkurrierende Rekonstruktionen von Geschichte. Problemorientierte Fragestellungen im Thema sowie Untersuchungsverfahren wie Multiperspektivität und Kontroversität (vgl. Kap. 3) tragen entscheidend zur Umsetzung dieses Anspruches bei – auch in der Leistungsbewertung.

Kompetenzorientierte Leistungsbewertung

Dieser Wandel steht im engen Kontext mit den kompetenzorientierten Lehrplänen, die inzwischen von nahezu allen Bundesländern verabschiedet wurden. Die Konzeption von Aufgabenstellungen und die Bewertung von Schülerleistungen orientieren sich an den zu erreichenden *Standards in den einzelnen Kompetenzbereichen,* wie beispielsweise Methoden- oder

Urteilskompetenz (vgl. Kap. 1). Die Standards sind in steigender Progression und Komplexität ausgewiesen. Im Unterricht muss der Schüler also die Möglichkeit erhalten, die vorgegebenen Kompetenzen zu trainieren und unter Beweis zu stellen.

Den Geschichtsfachbereichen in den Schulen kommt die Aufgabe zu, *fachspezifische Beurteilungsmaßstäbe* und *transparente Kriterien* für die Leistungsbewertung zu entwickeln. Die Kriterien bieten den Lernenden die Möglichkeit zur Einschätzung von Eigen- und Fremdleistungen sowie zur Reflexion von Lernfortschritten. Kompetenzorientierter Geschichtsunterricht ermöglicht außerdem die Etablierung offener Verfahren zur Leistungsüberprüfung, z. B. Portfolioarbeit. Diese Formate erlauben auch eine Differenzierung zwischen Prozess- und Produktnoten.

Bei der *mündlichen Bewertung* ist darauf zu achten, dass die Qualität der Schülerbeiträge im Mittelpunkt steht, weniger die Quantität. Die Bewertung sollte sich an den allgemeinen Vorgaben des Fachbereiches orientieren und entsprechend der im Lehrplan ausgewiesenen Kompetenzen differenziert werden: Die Auseinandersetzung mit einer Quelle oder einer Darstellung auf der Urteilsebene ist beispielsweise höher zu bewerten als die reine Analyseleistung. Für die mündliche Bewertung empfiehlt es sich, die Leistungen kontinuierlich zu dokumentieren und darauf zu verzichten, lediglich Monats- oder Halbjahresnoten zu erteilen. Den Schülern sollte die Möglichkeit gegeben werden, sich über ihren Leistungsstand zu informieren und zu erfahren, wie sie sich verbessern können.

Bewertung in den Sekundarstufen

In der *Sekundarstufe I* gilt Geschichte als mündliches Fach. Im Fokus der Bewertung steht primär die mündliche Leistung der Schüler im Unterricht. Zur Bewertung dienen darüber hinaus schriftliche Tests (auch: Lernerfolgskontrolle, Klassenarbeit oder veraltetet: Lernzielkontrolle). Hinzu kommen „sonstige Leistungen“ wie Referate, Projektarbeiten, Protokolle, Portfolios und Hausaufgaben. Die Fachbereiche diskutieren und verabschieden neben Bewertungsmaßstäben auch den prozentualen Anteil der einzelnen Leistungen für die Gesamtnote im Fach Geschichte am Ende des Schul(halb)jahres, die für alle Schüler transparent sind.

In der *Sekundarstufe II* wird neben der mündlichen Mitarbeit und den „sonstigen Leistungen" – häufig zusammengefasst unter „Allgemeiner Teil" – die Leistung mittels Klausuren bewertet. Sie besitzen hinsichtlich des Anforderungsniveaus und der Gewichtung für die Gesamtleistung einen höheren Stellenwert als die schriftlichen Tests in der Sekundarstufe I.

9.2 Tests

Kennzeichen

Tests dienen Lernenden und Lehrenden der Kontrolle des Lernerfolgs für die gesamten Klasse. Das Ergebnis sollte ggf. die Grundlage für die Modifizierung des Unterrichtskonzeptes sein, um die Lerngruppe bzw. einzelne Schüler gezielter zu fordern und zu fördern. In vielen Fachbereichen gilt die Festlegung, pro Halbjahr mindestens einen Text zu schreiben. Dafür existieren verschieden Formen. Tests sollten die Zeit einer Einzelstunde (45 Minuten) nicht überschreiten und stets angekündigt werden. Ungeachtet dessen sollte es eine Selbstverständlichkeit sein, dass in Tests nur das erfragt wird, was zuvor im Unterricht behandelt wurde. Die zu erreichende Punktzahl sollte am Rand vermerkt werden. Zudem sollten nur Testformen zur Anwendung kommen, die mit den Schülern bereits trainiert wurden.

Testformen

Unterschieden werden standardisierte und lerngruppenspezifische Tests. Während *standardisierte Tests* wie Schuleingangstests extern entwickelt werden, sind *lerngruppenspezifische Tests* von Lehrern konzipiert und orientieren sich an den vermittelten Themen und der Kompetenzentwicklung der Klasse. Die lerngruppenspezifischen Tests lassen sich in Formen mit geschlossenen und offenen Aufgaben einteilen.

Bei *geschlossenen Testformen* ist die Antwortmöglichkeiten vorgegeben. Der Schüler wählt aus den Alternativen die richtige Antwort aus. Geschlossene Testformate haben den Vorteil, dass sie schnell und stark objektiviert eine punktuelle Rückmeldungen über den Leistungsstand geben und dass sie sich effizient korrigieren lassen. Eine individuelle Denkleistung oder eine kritische Auseinandersetzung mit einer Fragestellung ermöglichen sie dagegen kaum. Zu den geschlossenen Formaten gehören beispielsweise Zuordnungs- oder Umordnungsaufgaben sowie Multiple-Choice-Aufgaben.

Bei *offenen Testformaten* müssen Schüler die Antwort selbst formulieren, z. B. bei einem Lückentest oder bei einem Test mit gegliederter Aufgabenstellung. Im Gegensatz zu den geschlossenen Aufgaben erhalten sie einen größeren individuellen Spielraum bei der Bearbeitung der Aufgaben. Als Sonderform der offenen Testformen gilt die Abfassung eines kleinen Aufsatzes (auch: Essay), der sich für die Darstellung eines komplexen Sachverhaltes eignet und für die Schüler eine hohe Anforderung darstellt. In Tests sind auch eine Mischung aus geschlossenen und offenen Formen möglich, wobei geschlossene Aufgaben in der Bewertung geringer einzustufen sind als mit offene.

Beispiel für die Sekundarstufe I (geschlossene Form)

Thema	Aufgeklärter Absolutismus in Preußen
Aufgabenform	Multiple Choice
Arbeitshinweis	Kreuze jeweils die richtige Antwort an.

1. Friedrich II. war ein
a) preußischer König
b) brandenburgischer Kurfürst
c) österreichischer Kaiser

2. Friedrich eroberte in drei Kriegen
a) Sachsen
b) Schlesien
c) Österreich

3. Er begründete die Eroberung mit
a) der Verteidigung seines Landes
b) seinem persönlichen Ehrgeiz
c) einem Hilferuf der Bevölkerung

4. Er ließ sich bei seinen innenpolitischen Reformen leiten von
a) der Aufklärung
b) der Renaissance
c) vom Sozialismus

5. Erste rechtspolitische Maßnahmen waren
a) die Abschaffung der Todesstrafe
b) die Abschaffung der Folter
c) die Einschränkung der Folter

6. Die Leibeigenschaft für Bauern wurde abgeschafft
a) auf den Gütern der Adligen
b) auf den Gütern des Königs
c) überall in Preußen

etc.

Beispiel für die Sekundarstufe I (offene Form)

Thema	Aufgeklärter Absolutismus in Preußen
Aufgabenform	Lückentext
Arbeitshinweis	Fülle die Lücken in den Text aus.

Unter Friedrichs Herrschaft (Reg. __________) stieg Brandenburg-Preußen durch eine expansive Außenpolitik zur ____________________ auf. Obwohl er als Kronprinz die Auffassung vertrat, es sei „eine verbrecherische Raubgier, etwas zu erobern, worauf man keinen rechtlichen Anspruch besitzt", begann Friedrich seine Regierung mit einer Eroberung. Unmittelbar nach seiner Thronbesteigung fiel der junge König im Jahr __________ ohne Kriegserklärung in die habsburgische Provinz ____________________ ein. Drei Jahre später erklärte er zur Begründung: „Der Ehrgeiz, das Interesse, das Verlangen von mir reden zu machen, gaben den Ausschlag, und der Krieg wurde beschlossen." Die militärischen Erfolge brachten ihm schon zu Lebzeiten den Beinamen ______________________ ein. Insgesamt führte Friedrich um Schlesien ________________________, bei denen eine halbe Million Soldaten ums Leben kam.

Innenpolitisch versuchte Friedrich, einige Ideen __________________ umzusetzen. Er beschäftigte sich mit politischen Theorien und verfasste selbst Schriften über Geschichte und Politik. Friedrich sah sich nicht als Eigentümer, sondern als „erster Diener des Staates", dessen Aufgabe es sei, ____. Aus dieser Verpflichtung leitete er _________________ ab. Am weitesten gingen die Veränderungen in der Rechtspolitik: Der König ____ ___________________. Außerdem setze er sich für Rechtssicherheit ein. Alle Bürger sollten ______________________________. Die Rechtsprechung wurde in Preußen vereinheitlicht und für die Unteranten vereinfacht. Allerdings scheiterte er am Widerstand ___________ mit seinem Versuch, die Frondienste der Bauern zu begrenzen. Die Bauern aus der Leibeigenschaft zu befreien, gelang ihm nur auf seinen _______________. Auch die Ständegesellschaft blieb bestehen.

Besonders wichtig war ihm der Landesausbau. Sumpfgebiete, wie im Oderbruch, ließ er trockenlegen und nutzbar machen. Zur Besiedlung dieses Gebietes ließ er ______________ ______________. So entstanden einige hundert Dörfer. Neue Straßen und Kanäle sorgten zusätzlich für die Förderung von Handel und Gewerbe. Friedrich erneuerte auch die Schulpflicht und setzte sich gegen den Widerstand der Kirche für ________________ _________________ ein. Allerdings sollten die Kinder nur das Nötigste lernen: ______________________________. Er befürchtete, dass sie als Jugendliche dann ____________________________. Ungeachtet dessen war für den „Alten Fritz" eine umfassende Volksaufklärung unvorstellbar.

Beispiel für die Sekundarstufe I (offene Form)

Thema	Aufgeklärter Absolutismus in Preußen: Friedrich II. – ein aufgeklärter König?
Aufgabenform	Test mit gegliederter Aufgabenstellung
Arbeitshinweise	Definiere den Begriff „Aufgeklärter Absolutismus". Erläutere mindestens vier innenpolitische Reformen Friedrichs II. Erörtere, ob Friedrich II. ein aufgeklärter König war.

Beispiel für die Sekundarstufe I (offene Form)

Thema	Weimarer Republik: Der Versailler Vertrag – eine Bestrafung für die Deutschen?
Aufgabenform	Test mit gegliederter Aufgabenstellung
Arbeitshinweise	1. Analysiere die formalen und inhaltlichen Aspekte der Quelle. *2. Wähle eine Aufgabe aus:* a) Schreibe aus der Perspektive Frankreichs einen kurzen Kommentar für eine französische Zeitung, der auf den deutschen Kommentar (M1) Bezug nimmt. b) Setze dich auf der Grundlage der Analyse und in Bezug auf die Themenfrage kritisch mit dem Kommentar auseinander.

M1 Kommentar einer deutschen Zeitung zur Verabschiedung des Versailler Vertrages, 1919

Dem deutschen Volke ist die Schande angetan worden, nicht nur sein eigenes Todesurteil zu unterschreiben, sondern seines eigenen Blutes und Stammes Genossen dem Feinde auszuliefern, zur Aburteilung, zur Bestrafung, dafür dass sie ihrem Vaterlande in seiner Not das Beste gegeben. [...] Was haben wir denn gut zu machen, wir, die wir der großen seit Jahrzehnten zusammengebrauten Verschwörung Hass erfüllter Nachbarn und gieriger, Neid erfüllter Konkurrenten zum Opfer gefallen sind. Wie kann man dem heiligen Volksempfinden so ins Gesicht schlagen! Waren die Augusttage 1914, wo aus Millionen deutscher Herzen das Befreiungslied, der vaterländische Jubel sich rang, Lüge, waren sie Selbstbetrug?

Süddeutsche Zeitung vom 24.6.1919

9.3 Klausuren

Kennzeichen

Klausuren besitzen in der Kursphase im Rahmen der Notengebung einen höheren Stellenwert als Tests. Im Leistungskurs gehen sie in der Regel zur Hälfte, im Grundkurs zu einem Drittel in die Semesternote ein. Auch hinsichtlich des Umfangs und des Anforderungsniveaus unterscheiden sie sich deutlich von den schriftlichen Kontrollen in der Sekundarstufe I. Zudem bereitet das Schreiben von Klausuren gezielt auf die schriftliche Abiturprüfung vor. Daher ist es erforderlich, dass die Lehrer ihre Schüler frühzeitig und ausführlich mit den *Anforderungsbereichen*, den entsprechenden *Arbeitsaufträgen (Operatoren)*, den *Aufgabenarten und -formen* vertraut machen sowie das Schreiben einer Klausur anhand von Übungsbeispielen trainieren. Es bietet sich darüber hinaus an, den Schülern zur Unterstützung eine Checkliste auszuhändigen (s.u.). Auf dem Aufgabenblatt der Klausur müssen die prozentuale Gewichtung der Anforderungsbereiche und die Bewertung der sprachlichen Qualität vermerkt werden.

Der Erwartungshorizont sollte fertiggestellt sein, bevor die Schüler die Klausur schreiben. Und er sollte sich nicht nur beschränken auf vermittelte Inhalte sowie Aspekte, die sich aus den vorgelegten Quellen oder Darstellungen ergeben, sondern Gestaltungsspielräume berücksichtigen, die beispielsweise eine Urteilsbildung anhand selbst gewählter Gesichtspunkte ermöglichen. In einigen Bundesländern werden den Schülern die Klausurergebnisse in Form von Online-Gutachten ausgehändigt. Sie ermöglichen neben den individuellen Randbemerkungen des Lehrers in der Klausur zusätzlich entsprechend der Noten standardisierte zusammenfassende Einschätzungen.

Übersichten zu den Anforderungsbereichen und den Operatoren finden sich in den Einheitlichen Prüfungsanforderungen (EPA).

Klausurformen

Entsprechend der Einheitlichen Prüfungsanforderungen in der Abiturprüfung Geschichte (EPA) orientieren sich die Klausuren an drei Aufgabenformaten:

<table>
<tr><th colspan="2">Interpretieren
von Quellen</th><th colspan="2">Erörtern
von Erklärungen historischer Sachverhalte aus Darstellungen</th><th>Darstellen
historischer Sachverhalte in Form einer historischen Argumentation</th></tr>
<tr><td>Interpretation einer Einzelquelle</td><td>Vergleichende Interpretation zeitgleicher Quellen bzw. von Quellen aus unterschiedlichen Zeiten</td><td>Erörtern einer Deutung aus einer historischen Darstellung</td><td>Erörtern verschiedener Deutungen aus unterschiedlichen Darstellungen</td><td></td></tr>
<tr><td colspan="2">Materialgebunden</td><td colspan="2">Materialgebunden</td><td>Materialungebunden</td></tr>
<tr><td colspan="2">Quellen:
• schriftliche Quellen (z. B. Texte, historische Rede)
• bildliche Quellen (z. B. Karikaturen, Plakate)</td><td colspan="2">Darstellungen:
• fachwissenschaftliche Abhandlungen, z. B. eines Historikers
• Rede, z. B. eines Politikers</td><td></td></tr>
</table>

Beispiel für eine Klausur (Grundkurs)

Thema	Der Terror der Jakobinerherrschaft – Verteidigung oder Verrat der Revolution?
Aufgabenart	Darstellen historischer Sachverhalte in Form einer historischen Argumentation
Hilfsmittel	Nachschlagewerk zur Rechtschreibung der deutschen Sprache
Bearbeitungszeit	210 Minuten

Aufgabe	Setzen Sie sich in Form einer historischen Argumentation mit der Themenfrage auseinander, indem Sie • die Phase der Jakobinerherrschaft in den Verlauf der Französischen Revolution einordnen, • dabei wesentliche Aspekte der Jakobinerherrschaft erläutern sowie • ausgehend von dem Zitat des Historikers Heinrich August Winkler „Der Terror verselbständigte sich; er war nicht mehr nur ein Mittel zu dem begrenzten Zweck, ein Scheitern der Revolution zu verhindern, sondern wurde zum Selbstzweck" ein begründetes Urteil fällen.

Beispiel für eine Klausur (Grundkurs)

Thema	Die Römische Republik – eine Herrschaft des Volkes?
Aufgabenart	Erörtern einer Deutung aus einer historischen Darstellung
Hilfsmittel	Nachschlagewerk zur Rechtschreibung der deutschen Sprache
Bearbeitungszeit	210 Minuten
Aufgabe	Setzen Sie sich mit der im Thema formulierten Frage auseinander, indem Sie • die vorgelegte Darstellung analysieren, • das politische System anhand der Verfassung der Römischen Republik erläutern und • auf der Grundlage Ihrer Arbeitsergebnisse zu einem begründeten Urteil gelangen.
Material	Auszug aus der wissenschaftlichen Darstellung des Historikers Joseph Vogt von 1973

Beispiel für eine Klausur (Leistungskurs)

Thema	Die DDR nach dem Mauerfall 1989 – (k)eine „sozialistische Alternative zur Bundesrepublik"?
Aufgabenart	Vergleichende Interpretation zeitgleicher Quellen
Hilfsmittel	Nachschlagewerk zur Rechtschreibung der deutschen Sprache
Bearbeitungszeit	270 Minuten
Aufgabe	Setzen Sie sich mit der Themenfrage auseinander, indem Sie • die vorgelegten Quellen analysieren und vergleichen, • die politische, gesellschaftliche und wirtschaftliche Situation in der DDR im Herbst 1989 erläutern sowie • auf der Grundlage Ihrer Arbeitsergebnisse ein begründetes Urteil zur Themenfrage formulieren.
Material	M1 *Aufruf „Für unser Land" vom 26. November 1989* M2 *Gegenaufruf „Für die Menschen in unserem Land" vom 28. November 1989*

Beispiel für eine Checkliste zur Abfassung einer Geschichtsklausur

Arbeitsschritte	**Hinweise**
Thema auswählen (wenn mehrere Klausurthemen gestellt sind)	• Lesen Sie sich in Ruhe alle gestellten Klausurthemen durch. • Sie sollten sich weniger nach spontanen Interessen entscheiden, sondern das Thema wählen, bei dem Sie sich fachlich wie methodisch am sichersten fühlen.
Aufgabenstellung erschließen	• Achten Sie auf den genauen Wortlaut der Aufgabenstellung bzw. der einzelnen Arbeitsanweisungen. • Vergegenwärtigen Sie sich, was die einzelnen Operatoren von Ihnen verlangen.

Arbeitsschritte	Hinweise
Materialien auswerten	• Lesen Sie die vorgelegten Materialien mehrmals. Unterscheiden Sie zwischen Quellen und Darstellungen. • Unterstreichen Sie mit farbigen Stiften zentrale Aussagen und markieren Sie Schlüsselbegriffe. • Notieren Sie sich Stichpunkte. • Analysieren und interpretieren Sie die Texte mithilfe methodischer Arbeitsschritte (vgl. Übersicht zur Interpretation schriftliche Quellen) und im Hinblick auf die Aufgabenstellung.
Historische Einordnung vornehmen	• Ordnen Sie die Materialien in den geschichtlichen Kontext ein und notieren Sie Stichpunkte zum historischen Hintergrund (Ereignisse, Personen, Prozesse, Strukturen, Begriffe).
Gliederung entwerfen	• Entwerfen Sie eine Gliederung und ordnen Sie Ihre Notizen zur Materialauswertung und zum historischen Kontext entsprechend zu. • Vervollständigen Sie Ihre Gliederung um Argumente und Beispiele für/gegen eine These, die durch die Aufgabenstellung vorgegeben ist oder sich durch die Position des Autors/der Autoren ergibt.
Zeitplan erstellen	• Ordnen Sie jeder Arbeitsanweisung einen entsprechenden Zeitumfang zu. • Berücksichtigen Sie „Zeitfenster" für Pausen und die Schlusskorrektur.
Reinschrift fertigen	• Formulieren Sie entsprechend Ihrer Gliederung einen Fließtext. • Achten Sie dabei auf Ihren Zeitplan. • Belegen Sie Ihre Ausführungen mit Zitaten aus den Materialien. • Stützen Sie Ihre Thesen durch Argumente und Beispiele.
Schlusskorrektur durchführen	• Lesen Sie Ihre Klausur möglichst zweimal durch. • Achten Sie sowohl auf fachliche Richtigkeit und eine sachliche Ausdrucksweise als auch auf die korrekte Anwendung der Rechtschreibung und Zeichensetzung sowie der Zitierregeln.

10. Außerschulische Lernorte

10.1 Geschichte vor Ort

Wird Schülern eine Exkursion vorgeschlagen, sind sie in der Regel begeistert. Der Ausflug zu einem außerschulischen Lernort ist für Lernende und Lehrende gleichermaßen mit der Hoffnung verbunden, Geschichte unmittelbar und lebendig zu erleben. Vor Ort stellt sich meistens Ernüchterung ein: Entweder erleben sie die standardisierte Führung eines Guides, oder Mitschüler tragen selbst erarbeitete Referate vor. Die Exkursion wird im extremsten Fall zum Frontalunterricht im Stehen. Ungeachtet dieser Erfahrungen vieler Kollegen – auch in der Rolle als Schüler – sind die Angebote für das Lernen an einem außerschulischen Ort in den letzten Jahrzehnten erfreulich vielfältig geworden.

Städte und Gemeinden bieten interaktive Erkundungen mittels *neuer Medien* an, Museen und Archive empfehlen themen- und altersgerechte *Projekte* und *Workshops*, in denen sich die Schüler selbständig und lernproduktorientiert mit gesammelten und präsentierten Exponaten beschäftigen. Mittels solcher Angebote ermöglichen außerschulische Lernorte forschendes Entdecken und tragen entscheidend zur Kompetenzschulung bei. Anhand originaler Zeugnisse oder Schauplätze können geschichtliche Ereignisse und Prozesse vor Ort rekonstruiert werden. Spuren der Geschichte werden so bewusst wahrgenommen – mit allen Sinnen: Man kann Geschichte ansehen, begehen, anfassen und im wörtlichen Sinne begreifen.

Formen

Als außerschulische Lernorte des Geschichtsunterrichts werden hier neben *historischen Orten,* also Gebäuden, sachlichen Überresten und Landschaften, ausdrücklich auch *Gedenkstätten, Museen* und *Archive* verstanden. Denn die definitorischen Grenzen, die in der Literatur ausführlich erörtert werden, sind fließend:

Ein Museum, das historische Zeugnisse ausstellt, kann in einem Gebäude untergebracht sein, das selbst eine historische Sachquelle ist.

So beherbergt beispielsweise das Gaswerk in Neustadt/Dosse (Brandenburg) eine Ausstellung über die Gasproduktion in Europa. Als ehemalige Gasproduktionsstätte ist sie zugleich ein technisches Denkmal. Das Museum „Kirche in Franken“ in Bad Winsheim (Bayern) vermittelt Geschichte, Traditionen und Formen des fränkischen Protestantismus in der aus dem Spätmittelalter stammenden Spitalkirche zum Heiligen Geist – ein historischer Ort. Und auch das moderne Dokumentationszentrum „Topografie des Terrors“ in Berlin zeigt seine Ausstellungen an einem historischen Ort: Auf dem Gelände, unweit des Potsdamer Platzes, befanden sich von 1933 bis 1945 die wichtigsten Zentralen des NS-Terrors: das Geheime Staatspolizeiamt mit eigenem „Hausgefängnis“, die Reichsführung-SS, der Sicherheitsdienst (SD) der SS und während des Zweiten Weltkriegs auch das Reichssicherheitshauptamt. Von den Gebäuden existieren heute nur noch Reste der Grundmauern.

10.2 Historische Orte

Unter historischen Orten versteht man in der Regel Zeugnisse (Sachquellen) an ihrem geschichtlichen Ort: Gebäude, z. B. Schlösser und Rathäuser, Industrieanlagen, z. B. Schiffshebewerke und Bergwerke, sowie Landschaften, z. B. Schlachtfelder und Schlossgärten. Dabei kann es sich um Überreste handeln oder vollständig erhaltene und rekonstruierte Stätten. Die historischen Hintergründe werden meist vor Ort mithilfe von Tafeln oder Stelen erläutert. Neben der Vermittlung von Kenntnissen sowie der Einordnung in den geschichtlichen Kontext dient das Lernen an historischen Orten auch der Sensibilisierung für die bewusste Wahrnehmung solcher Stätten und der Vorstellung von historischen Entwicklungen. Darüber hinaus lässt sich vermitteln, wie historische Entwicklungen durch räumliche Verhältnisse beeinflusst werden – und umgekehrt.

10.3 Archive

Archive sind öffentliche historische Informationseinrichtungen, die sich mit der Erfassung, Ordnung, Verwahrung und Betreuung von Archivgut, wie zum Beispiel von Urkunden und Akten, befassen. Im Unterschied zu Museen sind Archive an eine öffentliche Verwaltung oder eine politische Institution gebunden. Unterscheiden lassen sich Staatsarchive, Kommunalarchive, kirchliche Archive, Partei- und Gewerkschaftsarchive, Wirtschaftsarchive, Literaturarchive, Medienarchive sowie Universitätsarchive. Archive verfügen über spezielle Angebote für Schüler: Neben der klassischen Führung, die über die Funktion und die Arbeit von Archiven aufklären soll, sowie dem Besuch von Sonderausstellungen werden auch Projekte angeboten, bei denen unter einem konkreten Thema mit zuvor ausgewähltem Archivgut gearbeitet wird. Schüler betreiben so forschendes Lernen und bekommen zugleich einen Einblick in die Arbeit eines Historikers. Archive können auch für schulische Projekte, für die Vorbereitung einer Prüfungsarbeit oder für die Arbeit an einem Geschichtswettbewerb genutzt werden

10.4 Museen

Das Museum wird entsprechend der in der Fachwelt weitgehend anerkannten Definition der International Council of Museums sinngemäß beschrieben als eine nicht gewinnorientierte Einrichtung, die öffentlich zugänglich ist und materielle Zeugnisse des Menschen und seiner Umwelt sammelt, aufbewahrt, erforscht und ausstellt. Das Museum ist somit bereits ein didaktisch vorstrukturierter Lernort, der den Schülern die Möglichkeit gibt, anhand von Exponaten die Geschichte zu konstruieren. Schüler können so eine eigene Vorstellung von Geschichte entwickeln.

Es werden in der Regel folgende Museumstypen unterschieden: Historisches Museum, Kunst- und Kulturmuseum, Technikmuseum, Orts- und Heimatmuseum, Regional- und Landesmuseum, Völkerkundemuseum und Freilichtmuseum.

Der Klassiker der musealen Geschichtsvermittlung ist die Erläuterung der ausgestellten Exponate in Dauer- oder Sonderausstellungen durch geschulte Guides, die ihr Wissen in Form eines Monologs an die Zuhörenden weitergeben. Darüber hinaus bieten museumspädagogische Dienste inzwischen auch spezielle Führungen für Schulklassen an, in denen einerseits nur ausgewählte Exponate gezeigt und besprochen werden und andererseits die Schüler animiert werden, ihr Vorwissen einzubringen und Fragen zu stellen.

Zum Angebot der Museumsdienste gehören auch lernproduktorientierte Projekte bzw. Workshops. So bietet das Museum Neuruppin (Brandenburg) beispielsweise ein Projekt an, bei dem die Schüler nach dem Vorbild des berühmten Neuruppiner Bilderbogen selbstständig eigene Ideen entwickeln und mithilfe einer historischen Steinpresse Lithografien herstellen. Und in dem interaktiven Workshop „Kleider machen Römer" des Römischen-Germanischen Museums in Köln (Nordrhein-Westfalen) werden vor den originalen Objekten die jeweils passenden römischen Gewänder gezeigt, erklärt, teilweise auch angezogen.

Darüber hinaus gibt es die Möglichkeit, sich die Exponate aktiv zu „erschließen", indem sich die Schüler ohne Führung selbständig durch die Museumsräume bewegen. Zu diesem Zweck stellen die Dienste häufig auch Arbeitsmaterialien zur Verfügung, die mit hilfreichen Erläuterungen vorab über den Web-Auftritt des Museums heruntergeladen werden können. Eine besondere Herausforderung besteht in der Variante, den Museumsbesuch durch die Schüler selbständig durchzuführen (vgl. Beispiel).

Beispiel für die Durchführung eines Museumsbesuch in Verantwortung der Schüler

Arbeitsschritte	Fragen
Erwartungen	• Habt ihr über das Museum schon etwas erfahren, aus den Medien oder von Freunden? • Welches Museum habt ihr schon einmal besucht? • Was hat euch (nicht) gefallen? • Wie müsste ein Museum gestaltet sein, damit es Jugendliche anspricht?
organisatorische Fragen	• Wann soll die Exkursion stattfinden? • Wie lange soll sie dauern? • Über welche Angebote verfügt das Museums, speziell für Schulklassen? • Erkundigt euch über Öffnungszeiten und Eintrittspreise, Verkehrsverbindungen, Verpflegungsmöglichkeiten.
inhaltliche Vorbereitung	• Mit welchem Thema bzw. welchen Themen wollt ihr euch in dem Museum beschäftigen? • Wollt ihr an einer Führung oder/und an einem Projekt teilnehmen? • Wie wollt ihr ggf. die Ergebnisse eines Projektes präsentieren? • Welches Vorwissen ist notwendig? • Bereitet Fragen vor, die ihr im Museum stellen wollt?
Museums-besuch	• Wer ist euer Ansprechpartner im Museum? • Besitzt das Museum Informationsflyer? • Welche Informationen sollten schon während der Führung notiert werden? • Gibt es die Möglichkeit, die Exponate zu fotografieren? • Wie viel Gruppen wollt ihr für das Projekt bilden?
Präsentation	• Wo präsentiert ihr eure Ergebnisse, im Museum oder anschließend in der Schule? • Wie wollt ihr eure Ergebnisse dokumentieren wollt, z. B. Wandzeitung, Schülerzeitung oder Internet?
Auswertung	• Was habt ihr gelernt? • Wie fandet ihr das Museum, z. B. räumliche Gestaltung, Präsentation der Exponate, Angebot neuer Medien? • Hat er eure Erwartungen erfüllt?

10.5 Gedenkstätten

Obwohl Gedenkstätten häufig mit Orten zur Erinnerung an die Opfer des Nationalsozialismus gleichgesetzt werden, lässt sich der Begriff weiter fassen: Grundsätzlich ist die Gedenkstätte ein Ort, an dem intentional an ein historisches Geschehen erinnert wird. Das gilt auch für Gedenkorte, die sich nicht am Ort des Geschehens befinden. Gedenkstätten sind Mittler kollektiver Gedächtnisse und Teil der historischen Erinnerungskultur einer Gesellschaft, insbesondere der Schulen. Die Gedenkstättenpädagogik hat sich in den letzten Jahren sehr professionalisiert. Neben Führungen gehören Workshops, Projekttage und Workcamps, an denen in den Sommermonaten Jugendliche aus verschiedenen Ländern zusammenkommen, gemeinsam lernen und sich austauschen sowie praktische Pflege- und Erhaltungsarbeiten übernehmen. Für eine selbständige Besichtigung steht häufig ein Besucherleitsystem zur Verfügung, das Audioguides oder Faltblätter sowie über Informationsträger im Gelände (Stelen, Tafeln) informiert. Ungeachtet dessen bieten viele Gedenkstätten inzwischen regelmäßige Weiterbildungsangebote für Lehrer an.

Ein Gedenkstättenbesuch sollte gut vorbereitet sein. Wenn ein Besuch in einer KZ-Gedenkstätte geplant ist, sollte die Lehrperson sich darüber im Klaren sein, dass es sich nicht um eine normale Exkursion handelt, sondern um den Besuch an einem Ort, an dem Menschen gelitten haben und ermordet wurden – ein für die Lernenden womöglich schwer zu verarbeitendes Erlebnis. Es sollte daher ausreichend Zeit für einen Austausch nach dem Gedenkstättenbesuch zur Verfügung stehen.

Beispiel einer Checkliste zum Gedenkstättenbesuch für den Lehrer

Vorbereitung	**Didaktische Verortung** • An welchem didaktischen Ort der Unterrichtseinheit soll der Gedenkstättenbesuch geplant werden? • Welches pädagogische Ziel soll mit dem Gedenkstättenbesuch erreicht werden? **Über welche Erfahrungen verfügen die Kollegen?** *Kontaktaufnahme* • Wer sind die Ansprechpartner in der Gedenkstätte? • Welche Angebote für Schulklassen und -kurse gibt es? • Welche Gesprächsmöglichkeiten gibt es vor Ort? • Gibt es Zeitzeugen, die über ihre Erlebnisse berichten können? Und wie erreiche ich sie? *organisatorische Vorbereitung* • Wie viel Zeit steht vor Ort zur Verfügung? • Wie ist die Gedenkstätte erreichbar? • Wie weit im Voraus muss die Exkursion in der Gedenkstätte und in der Schulleitung angemeldet werden? *inhaltliche Vorbereitung* • Sollen die Schüler an einer Führung oder einem Projekt teilnehmen? • Gibt es vorbereitende Unterlagen (Arbeitsmaterialien, Infoflyer) der Gedenkstätte? • Welches Vorwissen besitzen die Schüler? • Welche Kenntnisse sollten den Schülern vor dem Besuch noch vermittelt werden, ggf. durch Referate? • Wie können die Interessen der Schüler berücksichtigt werden? • Wie können die Schüler in die Vorbereitungen einbezogen werden?
Nachbereitung	**Austausch** • Gibt es im Anschluss die Möglichkeit für einen gedanklichen Austausch über den Gedenkstättenbesuch, z. B. Welche Reaktionen auf den Besuch haben die Schüler bei sich und anderen feststellen können? • Steht ausreichend Zeit für den Austausch zur Verfügung? **Dokumentation** • In welcher Weise kann der Besuch bzw. die Ergebnisse des Besuches dokumentiert bzw. veröffentlicht werden? **Reflexion** • In welchem Rahmen bietet sich eine kritische Reflexion des Gedenkstättenbesuches zu folgenden Fragen an: Wie versucht die Gedenkstätte, die Erinnerung wach zu halten? Gelingt ihr das? Wie kann Gedenken heute aussehen? Brauchen wir heute noch Gedenkstätten?

Literaturverzeichnis (Auswahl)

Adamski, Peter: Gruppen- und Partnerarbeit im Geschichtsunterricht. Historisches Lernen kooperativ, Schwalbach/Ts. 2010.

Adamski, Peter: Historisches Lernen. Diagnostizieren. Lernvoraussetzungen – Lernprozesse – Lernleistung, Schwalbach/Ts. 2014.

Barricelli, Michael/Lücke, Martin (Hg.): Handbuch Praxis des Geschichtsunterrichts, Schwalbach/Ts. 2012.

Baumgärtner, Ulrich: Wegweiser Geschichtsdidaktik. Historisches Lernen in der Schule, Paderborn 2015.

Berger, Jutta/Schmidtmann, Christian: Referendariat Geschichte, Berlin 2014.

Bergmann, Klaus: Geschichtsdidaktik. Beiträge zu einer Theorie historischen Lernens, 3. Aufl., Schwalbach/Ts. 2008.

Bergmann, Klaus: Multiperspektivität. Geschichte selber denken, 2. Aufl., Schwalbach/Ts. 2008.

Günther-Arndt, Hilke (Hg.): Geschichtsdidaktik. Praxishandbuch für die Sekundarstufe I und II, 2. Aufl., Berlin 2005.

Günther-Arndt, Hilke (Hg.), Geschichtsmethodik. Handbuch für die Sekundarstufe I und II, 4. Aufl., Berlin 2007.

Heil, Werner: Kompetenzorientierter Geschichtsunterricht, Stuttgart 2010.

Gautschi, Peter: Kompetenzmodell für den Geschichtsunterricht. In: Bonhage, Barbara (Hg.): Hinschauen und Nachfragen.: Die Schweiz und die Zeit des Nationalsozialismus im Licht aktueller Fragen, 2. Aufl., Zürich 2006, S. 5–7.

Körber, Andreas/Schreiber, Waltraud (Hg.): Kompetenzen historischen Denkens. Ein Struktur-Modell und Beiträge zur Entwicklung von Bildungsstandards, Neuried 2007.

Kühberger, Christoph: Leistungsfeststellung im Geschichtsunterricht. Diagnose – Bewertung – Beurteilung, Schwalbach/Ts. 2014.

Kühberger, Christoph/Windischbauer, Elfriede: Individualisierung und Differenzierung im Geschichtsunterricht. Offenes Lernen in Theorie und Praxis, Schwalbach/Ts. 2011.

Oswalt, Vadim: Planung von Unterrichtseinheiten. Wie man Geschichte (an)ordnen kann, Schwalbach/Ts. 2016.

Pandel, Hans-Jürgen: Bildinterpretation. Die Bildquelle im Geschichtsunterricht. Bildinterpretation I, Schwalbach/Ts. 2008.

Pandel, Hans-Jürgen: Geschichtsdidaktik. Eine Theorie für die Praxis, Schwalbach/Ts. 2013.

Pandel, Hans-Jürgen: Geschichtsunterricht nach PISA. Kompetenzen, Bildungsstandards und Kerncurricula, Schwalbach/Ts. 2005.

Pandel, Hans-Jürgen: Quelleninterpretation. Die schriftliche Quelle im Geschichtsunterricht, 3. Aufl., Schwalbach/Ts. 2006.

Pandel, Hans-Jürgen u. a. (Hg.): Wörterbuch Geschichtsdidaktik, Schwalbach/Ts. 2006.

Pandel, Hans-Jürgen/Schneider, Gerhard (Hg.): Handbuch. Medien im Geschichtsunterricht, 4. Aufl., Schwalbach/Ts. 2007.

Peters, Jelko: Geschichtsstunden planen, Siegen 2014.

Popp, Susanne/Schönemann, Bernd (Hg.): Historische Kompetenzen und Museen, Idstein 2009.

Rohlfes, Joachim: Geschichte und ihre Didaktik, 3. erw. Aufl., Göttingen 2005.

Rohrbach, Rita/Bergmann, Klaus: Chance Geschichtsunterricht. Eine Praxisanleitung für den Notfall, für Anfänger und Fortgeschrittene, Schwalbach/Ts. 2005.

Rüsen, Jörn: Historisches Lernen, Schwalbach/Ts. 2008.

Sauer, Michael: Geschichte unterrichten. Eine Einführung in die Didaktik und Methodik, 6. überarb. Aufl., Stuttgart 2007.

Schneider, Gerhard: Gelungene Einstiege. Voraussetzung für erfolgreiche Geschichtsstunden, 4. erw. Aufl., Schwalbach/Ts. 2004

Schneider, Gerhard: Transfer. Ein Versuch über das Behalten und Anwenden von Geschichtswissen, Schwalbach/Ts. 2009.

Schönemann, Bernd/Thünemann, Holger: Schulbucharbeit. Das Geschichtslehrbuch in der Unterrichtspraxis, Schwalbach/Ts. 2010.

Verband der Geschichtslehrer Deutschlands (Hg.): Geschichte für heute, Schwalbach/Ts. 2014.

Völkel, Handlungsorientierung im Geschichtsunterricht, 2. Aufl., Schwalbach/Ts. 2008.

Wunderer, Hartmann: Geschichtsunterricht in der Sekundarstufe II, Schwalbach/Ts. 2000.

Ziegenhagen, Jörg: Urteilsbildung. Modelle für eine erfolgreiche Urteilsbildung im Geschichts- und Politikunterricht, in: Praxis Geschichte, 3/2013, S. I-IV.